I0888198

Совершенствование Экономических Инструментов Управления Водными Ресурсами в Республике Бурятия (Бассейне Озера Байкал)

OECD
ЛУЧШАЯ ПОЛИТИКА ДЛЯ ЛУЧШЕЙ ЖИЗНИ

Данная работа публикуется под ответственность Генерального Секретаря ОЭСР. Изложенные в ней мнения и приводимая аргументация могут не отражать официальных взглядов правительств стран – членов ОЭСР.

Настоящий документ и любые содержащиеся в нем данные и карты не затрагивают статуса территорий и их суверенитета, делимитацию государственных границ и пограничных линий, а также названия территорий, городов и областей.

При цитировании просьба ссылаться на настоящую публикацию:
OECD (2018), *Совершенствование Экономических Инструментов Управления Водными Ресурсами в Республике Бурятия (Бассейне Озера Байкал)*, OECD Publishing, Paris.
http://dx.doi.org/10.1787/9789264290693-ru

ISBN 978-92-64-29068-6 (печатное издание)
ISBN 978-92-64-29069-3 (PDF)

Статистические данные по Израилю предоставлены компетентными органами Израиля под их ответственность. Использование Этих данных ОЭСР не является отражением предвзятого отношения к статусу Голанских высот, Восточного Иерусалима и Израильских поселений на Западном берегу согласно нормам международного права.

Сведения об авторах фото: см. обложку © Martoussevitch Alexandre.

Исправления к публикациям ОЭСР можно найти в Интернете по адресу: *www.oecd.org/about/publishing/corrigenda.htm*.

Предисловие

Данный проект был выполнен Специальной рабочей группой ОЭСР по реализации Программы действий по охране окружающей среды для Центральной и Восточной Европы (СРГ ПДООС) при финансовой поддержке Европейского Союза (Генерального директората по развитию и сотрудничеству (Devco) Европейской комиссии (ЕК)). Проект выполнялся в тесном сотрудничестве с «Байкальским проектом», который совместно финансировали Правительство Российской Федерации (РФ), Глобальный экономический фонд (ГЭФ) и Программа развития Организации Объединенных Наций (ПРООН). За эту поддержку и сотрудничество выражается благодарность.

ОЭСР привлекла группу консультантов для реализации проекта на договорной основе в период с декабря 2013 г. по март 2015 г. Данный отчет (#3) является итоговым и заключительным отчетом проекта. Он подготовлен группой консультантов под руководством заместителя директора направления «Городское хозяйство» Института экономики города (ИЭГ) Л.В. Перцова. Соавторами отчета являются д.э.н. Т.Б. Бардаханова, С.Н. Аюшеева, З.С. Горюнова (Байкальский институт природопользования Сибирского отделения РАН), эксперты Лондонской школы экономики д-р Бен Грум и проф. Фиби Кундури, а также к.т.н. В.Ю. Прокофьев, к.т.н. И.В. Колесников (Институт экономики города), С.Г. Санжиева (независимый консультант), А.А. Терентьев (Институт экономики природопользования и экологической политики Национального исследовательского университета – Высшая школа экономики). Сведение воедино и общее редактирование отчета выполнила Т.Б. Лыкова (ИЭГ).

Авторы признательны за вклад в подготовку настоящего отчета официальным лицам Правительства Республики Бурятия, прочим принявшим участие в обсуждении представителям органов власти и экспертам. Особая благодарность выражается министру экономики Республики Бурятия к.э.н. Т.Г. Думновой, министру природных ресурсов Республики Бурятия Ю.П. Сафьянову, первому заместителю министра природных ресурсов Республики Бурятия А.В. Лбову, заместителю министра природных ресурсов Республики Бурятия М.М. Федорову, начальнику отдела регулирования водопользования и водного хозяйства Министерства природных ресурсов Республики Бурятия О.А. Базаровой, начальнику отдела инвестиционной политики Министерства экономики Республики Бурятия Н.А. Федосеевой, главному специалисту-эксперту отдела регулирования водопользования и водного хозяйства Министерства природных ресурсов Республики Бурятия Е.И. Маковеевой (должности указаны на момент завершения проекта).

Авторы также выражают благодарность руководителю и национальному техническому директору «Байкальского проекта» ГЭФ/ПРООН – к.т.н. С.В. Куделе и А.А. Шеховцову – за вклад в настоящий проект.

Отчет был подготовлен под руководством А.П. Мартусевича (ОЭСР). Авторы благодарны сотрудникам ОЭСР – Куми Китамори, Кшыштофу Михалаку и Ксавье

Лёфлеву, за ценные замечания и предложения, которые позволили улучшить данный итоговый отчет, а также промежуточные отчеты по проекту (Отчеты #1 и #2). Они также признательны Марии Дюбуа, ассистенту водной команды, Лупите Йохансон, специалисту по коммуникациям, а также Мэттью Гриффитсу, новому руководителю Водной программы (все из ОЭСР) за ценный вклад в подготовку этой публикации.

Ряд данных использованных при подготовке настоящего отчета, были предоставлены органами государственной власти и организациями Республики Бурятия по запросам министерства природных ресурсов Республики Бурятия и группы консультантов. Авторы не несут ответственности за точность этих данных или возможные несоответствия с данными, представленными этими же организациями другим сторонам.

Мнения, выраженные в настоящем отчете, являются точкой зрения авторов и никоим образом не могут считаться официальной позицией органов государственной власти Российской Федерации, Республики Бурятия, Европейского Союза или ОЭСР и стран-членов ЕС и ОЭСР.

Содержание

Таблицы

Вставка

Перечень сокращений и аббревиатур

БПК	Биохимическое потребление кислорода
БПТ	Байкальская природная территория
ВКХ	Водопроводно-канализационное хозяйство
ВЕКЦА	Восточная Европа, Кавказ и Центральная Азия
ВРП	Валовой региональный продукт
ВСиВО	Водоснабжение и водоотведение
г.	город или год, в зависимости от контекста
ГК	Государственная корпорация
ГЭС	Гидроэлектростанция
ГЭМ Байкала	Государственный экологический мониторинг экосистемы озера Байкал
ГЭФ	Глобальный экологический фонд
ЕС	Европейский Союз
ЖКХ	жилищно-коммунальное хозяйство
Комиссия	Межведомственная комиссия по вопросам охраны озера Байкал
КУВР	Комплексное управление водными ресурсами
МВКГ	Межведомственная координационная группа
Минприроды России	Министерство природных ресурсов и экологии Российской Федерации
Минсельхоз России	Министерство сельского хозяйства Российской Федерации
НДВ	Нормы допустимого воздействия
НДС	Нормы допустимых сбросов
НДТ	Наилучшие доступные технологии
НИОКР	Научно-исследовательские и опытно-конструкторские разработки
оз.	озеро

Отчеты:

(промежуточный) отчет #1 и (промежуточный) отчет #2

Промежуточные отчеты, в которых резюмируются первый и второй этапы проекта: отчет #1: СРГ ПДООС ОЭСР (2014), Обзор внедрения экономических инструментов управления водными ресурсами в Республике Бурятия (промежуточный отчет #1), ОЭСР, www.oecd.org/env/outreach/REPORT_1%20Economic%20Instruments%20for%20water%20management%20in%20the%20Republic%20of%20Buryatia.pdf.

Отчет #2: СРГ ПДООС ОЭСР (2015), Оценка и определение стоимости возможностей (потенциально) более эффективных альтернатив (промежуточный отчет #2), ОЭСР, Париж, www.oecd.org/env/outreach/REPORT_2%20Economic%20Instruments%20for%20water%20management%20in%20the%20Republic%20of%20Buryatia.pdf.

Отчет 2013 года

ОЭСР (2013), Экономические инструменты управления водными ресурсами в Российской Федерации, OECD Publishing, Париж, www.oecd.org/env/outreach/EIs%20for%20WRM%20in%20Russia_English_Final%20web.pdf.

Отчет по проекту ГЭФ/ПРООН

«Анализ действующей системы контроля затрат и стимулов к экономической эффективности и повышению результативности работы организаций водохозяйственного комплекса в российской части бассейна озера Байкал в отношении инфраструктуры ирригации, водоснабжения и водоотведения. Разработка предложений по совершенствованию системы контроля затрат и усилению указанных стимулов в этих секторах», Отчет по проекту ГЭФ/ПРООН, Улан-Удэ, 2014 год

ООПТ Особо охраняемые природные территории

ОРВ Оценка регулирующего воздействия

ОЭСР Организация экономического сотрудничества и развития

ПРООН Программа развития Организации Объединенных Наций

р. река

РАН Российская академия наук

РБ, республика

Республика Бурятия

Росгидромет Федеральная служба России по гидрометеорологии и мониторингу окружающей среды

Росприроднадзор

Федеральная служба по надзору в сфере природопользования

Росстат Федеральная служба государственной статистики

РФ Российская Федерация

РЭИ	Раскрытие экологической информации
СКИОВО	Схема комплексного использования и охраны водного объекта
СНиП	Строительные Нормы и Правила
СМИ	средства массовой информации
СРГ ПДООС	Специальная рабочая группа по реализации Программы действий по охране окружающей среды в странах Восточной Европы, Кавказа и Центральной Азии
СФО	Сибирский федеральный округ
УВР	Управление водными ресурсами
ФГБУ «Бурятмелиорация»	Федеральное государственное бюджетное учреждение «Управление мелиорации земель и сельскохозяйственного водоснабжения по Республике Бурятия»
ФЦП (РЦП)	Федеральная (региональная) целевая программа
ЦЭЗ	Центральная экологическая зона
ХПК	химическое потребление кислорода
ЮНЕСКО	Организация по вопросам образования, науки и культуры ООН

Обменный курс евро на момент подготовки данного отчета составлял: 64 рубля за 1 евро.

Определения базовых терминов, используемых в данном Отчете, см. в Приложении Г.

Резюме

Одной из важнейших задач Республики Бурятия (РБ), субъекта Российской Федерации (РФ), является соблюдение надлежащего баланса экологических целей и необходимости динамичного и устойчивого социально-экономического развития республики, с учетом того, что большая часть ее территории относится к бассейну озера Байкал. Озеро Байкал представляет собой уникальный водный объект и экосистему, внесенные в список объектов всемирного наследия ЮНЕСКО, что открывает широкие возможности развития рекреационно-туристического комплекса и некоторых эколого-ориентированных видов деятельности. Однако это также означает жесткие ограничения для защиты озера Байкал и Байкальской природной территории (БПТ) от негативного воздействия антропогенных, техногенных и природных факторов.

Проект ОЭСР, который осуществлялся по просьбе правительства Бурятии, имел своей целью выработать рекомендации по улучшению использования экономических и прочих инструментов управления водными ресурсами (УВР). Он был направлен на обеспечение в конечном итоге устойчивого развития водного хозяйства, а также социально-экономического развития РБ в целом.

Рекомендации Бурятии можно разделить на следующие категории:

1. Улучшение системы целеполагания и управления природными ресурсами БПТ.

При постановке целей и задач федеральной и республиканской политики в отношении использования и охраны природных ресурсов БПТ имеются расхождения. Целью федеральных документов в области использования ресурсов и охраны озера Байкал является охрана экосистемы озера от негативного воздействия антропогенных, техногенных и природных факторов, тогда как власти РБ должны обеспечить баланс целей охраны озера Байкал и БПТ и содействия устойчивому социально-экономическому развитию Бурятии.

Для обеспечения согласованности федеральной и республиканской политики предложен набор мер:

- улучшение целеполагания и управления природными ресурсами БПТ;
- совершенствование информационной базы управления водными ресурсами: развитие учета, отчетности и статистики водного сектора;
- совершенствование системы мониторинга состояния экосистемы Байкальской природной территории и формирование системы обязательного раскрытия информации об экологических показателях деятельности расположенных на Байкальской природной территории объектов.

2. Совершенствование инструментов устойчивого использования и сохранения водных ресурсов.

Инструменты защиты водных ресурсов от чрезмерного использования, а также от точечного и диффузного (поступающего из многочисленных рассредоточенных источников) загрязнения включают: плату за воду как природный ресурс, плату за сбросы (за негативное воздействие на окружающую среду), налоги на отдельные виды продукции, которые вносят значительный вклад в диффузное загрязнение водных ресурсов, и надлежащее обращение с отходами производства и потребления на БПТ, которая страдает от замусоренности, фильтрата со свалок. Рекомендации включают следующие мероприятия:

- оптимизация ставок платы за забор воды (в форме водного налога и платы за пользование водными объектами) и совершенствование начисления и взимания платы за негативное воздействие на окружающую среду;
- установление лимитов по массе сбросов определенных вредных веществ в водные объекты и поэтапное развитие рынка квот на сбросы;
- введение сбора (налога) на токсичные сельскохозяйственные химикаты и синтетические моющие средства;
- совершенствование системы обращения с отходами на БПТ и стимулирование безопасной переработки экологически вредной продукции.

3. Развитие инструментов содействия капитализации Байкальской природной территории.

Предполагается, что без повышения капитализации природного потенциала БПТ будет крайне затруднительно обеспечить объемы доходов (финансового потока), достаточные для надлежащей зашиты водных ресурсов, а также для эксплуатации, своевременного восстановления и развития водохозяйственной инфраструктуры региона, а также для нивелирования последствий ограничений на хозяйственную деятельность на БПТ. С этой целью выделены следующие группы мер:

- оценка природного капитала экосистемы Байкала и внедрение платы за экосистемные услуги;
- упорядочение системы экологической регламентации на Байкальской природной территории и смягчение системы административных запретов с расширением применения экономических инструментов управления, включая государственную поддержку эколого-ориентированных видов деятельности;
- внедрение компенсационных платежей за ущерб, наносимый экосистеме озера Байкал и экономике прибрежных районов в связи с функционированием Ангарского каскада ГЭС путем перераспределения части гидроэнергетической ренты, получаемой операторами каскада ГЭС и бюджетом Иркутской области.

4. Инструменты повышения эффективности деятельности водопроводно-канализационного хозяйства и систем ирригации.

Для устойчивой эксплуатации водохозяйственной инфраструктуры должны полностью возмещаться прямые эксплуатационные затраты, капитальные затраты и затраты на ресурсы. В этой связи в отчете рекомендуется оптимизировать тарифную политику в водопроводно-канализационном хозяйстве (ВКХ) и облегчить введение платы за воду, используемую для ирригации, как природный ресурс.

5. Совершенствование системы государственной поддержки водного сектора и повышение его экономической эффективности.

Рекомендуются следующие группы мер:

- поддержка внедрения технологий очистки сточных вод, обеспечивающих достижение нормативов качества водных объектов на Байкальской природной территории;
- поддержка развития систем ливневой канализации, локального водоотведения, сокращение и ликвидация сбросов жидких бытовых отходов в Байкал.

Наиболее масштабным является предложение о создании целевого фонда поддержки Байкальской природной территории в форме Государственной корпорации, имеющей собственные источники доходов и полномочия расходования средств.

6. Инструменты управления рисками, связанными с водными ресурсами.

Рекомендации по управлению рисками, связанными с водными ресурсами, включают следующие меры:

- усиление контроля соблюдения запрета на новое строительство на территориях, подверженных чрезвычайно высокому риску негативного воздействия вод, такого как сели и наводнения.

Внедрение на БПТ системы обязательного страхования некритических рисков для водных ресурсов и связанных с ними экосистем. развитие на БПТ системы обязательного страхования риска негативного воздействия вод; дифференциация ставок земельного налога и налогов на имущество, учитывающих наличие инфраструктуры защиты от негативного воздействия вод.

Ключевые факторы, требующие учета при внедрении рекомендаций.

Для выполнения предложенных рекомендаций особенно важны следующие факторы:

- «политическая воля» и хорошее сотрудничество: между уровнями системы государственного управления и с влиятельными заинтересованными сторонами, имеющими значительные возможности лоббирования (например, в энергетике), экологическими организациями и организациями гражданского общества;
- законодательные: централизованный характер правового регулирования в России означает, что прежде, чем рекомендованные меры смогут быть реализованы, должны быть внесены изменения и дополнения в большое число федеральных законодательных актов;
- экономические и финансовые: власти РБ не могут обеспечить полномасштабных текущего ремонта, содержания и реконструкции водохозяйственной инфраструктуры без финансовой поддержки РФ.
- несоответствие границ РБ и БПТ;
- пробелы в информации и знаниях: информация в целях принятия решений и контроля в отношении экосистемы озера Байкал недостаточна; до выполнения некоторых рекомендаций следует провести специальные научные исследования.

Часть I

Обзор проекта и основные результаты промежуточных отчетов

В части I отчета кратко представлены методология данного проекта и обзор основных результатов промежуточных отчетов #1 и #2, на которых основываются основные рекомендации настоящего отчета (см. часть II).

В ней также характеризуется в общих чертах диалог о водной политике на уровне субъекта федерации в Республике Бурятия, в рамках которого осуществлялся проект, обсуждались и были в целом одобрены проекты промежуточных отчетов и данный заключительный отчет, а также рекомендации.

Глава 1

Обзор и методология проекта, роль диалога о водной политике

В настоящей главе кратко характеризуются контекст и цели проекта, методология и ограничения проекта, его охват и этапы, важнейшие итоги и результаты, а также роль диалога о водной политике, проведенного в Бурятии на уровне субъекта федерации. Наконец, представлена структура данного отчета.

1.1 Контекст проекта

Министерство природных ресурсов Республики Бурятия (РБ) обратилось в ОЭСР/СРГ ПДООС за помощью в улучшении применения экономических инструментов управления водными ресурсами (УВР) как одного из механизмов, применяемых для соблюдения требуемого баланса экологических соображений и необходимости динамичного и устойчивого социально-экономического развития Бурятии (письмо министра природных ресурсов Бурятии, адресованное СРГ ПДООС ОЭСР, # 08-U031-2108, датированное 13 сентября 2012 года).

После получения положительного ответа ОЭСР, совместным приказом министра природных ресурсов РБ и министра экономики РБ была создана **Межведомственная координационная группа** (МВКГ). Эта группа осуществляла надзор за реализацией проекта и служила площадкой для диалога о водной политике на данную тему, который проводился на уровне субъекта федерации. МВКГ провела три заседания в рамках диалога о вопросах политики, на которых обсуждались промежуточные и заключительный отчеты и результаты проекта (см. приложение В).

Ранее, в сентябре–декабре 2012 года, ОЭСР подготовила обзор экономических инструментов управления водными ресурсами в Российской Федерации (OECD, 2013a), в дальнейшем именуемый отчетом 2013 года[1]. В отчете 2013 года анализировалось, среди прочего, применение экономических инструментов УВР в Республике Бурятия. Это исследование помогло выявить основные проблемы водного хозяйства Российской Федерации (РФ), провести анализ и оценку экономических инструментов управления водными ресурсами и рекомендовать, как улучшить управление водными ресурсами посредством более широкого применения экономических инструментов. Его главный вывод состоит в том, что: используемые экономические инструменты слабо помогают решению основных проблем, существующих в водном хозяйстве Российской Федерации; следует улучшить их состав и практику применения, чтобы обеспечить более эффективное и действенное управление водными ресурсами, стимулировать эффективность водопользования и более эффективно использовать бюджетные средства.

Кроме того, в отчете 2013 года указывается, что «целесообразно осуществить «тонкую настройку» предварительных рекомендаций в отношении Республики Бурятия, далее проработать и дополнить их по итогам детальной оценки использования экономических инструментов в водном хозяйстве республики, в бассейне озера Байкал».

Данный проект имел своей целью выполнить вышеизложенную рекомендацию. Проект осуществлялся в тесном сотрудничестве с так называемым «Байкальским проектом»[2], который совместно финансировали правительство Российской Федерации, Глобальный экологический фонд (ГЭФ) и Программа развития ООН (ПРООН).

1.2. Цели, методология и ограничения проекта

Общая цель проекта ОЭСР «Совершенствование использования экономических инструментов управления водными ресурсами и водохозяйственным комплексом в Республике Бурятия (бассейн озера Байкал)» (далее – проект) состояла в том, чтобы помочь правительству РБ в улучшении использования экономических инструментов управления водным хозяйством, чтобы они стимулировали рациональное использование водных ресурсов, способствовали наиболее результативному использованию средств, выделяемых из государственного бюджета, и позволяли совместить охрану водных ресурсов с надежностью водоснабжения, экономическим и социальным развитием РБ.

В соответствии с Техническим заданием проект был выполнен в **три этапа**:

- этап 1: анализ используемых экономических инструментов управления водными ресурсами в Республике Бурятия;
- этап 2: оценка возможностей (потенциально) более эффективных и экономически целесообразных альтернатив;
- этап 3: подготовка рекомендаций по совершенствованию применения экономических инструментов управления водными ресурсами в РБ.

Иными словами, на первом этапе изучалась текущая ситуация (где мы находимся?); а на втором этапе рассматривалось, где мы хотим находиться и как экономические инструменты помогут прийти к этому. На третьем этапе были выработаны соответствующие рекомендации, призванные помочь в осуществлении поставленных целей водной политики.

По завершении каждого этапа, соответствующие отчеты были представлены и обсуждены на заседаниях МВКГ в рамках диалога о водной политике в Бурятии. Это следующие отчеты (см. Ссылки в конце данной главы):

- Обзор внедрения экономических инструментов управления водными ресурсами в Республике Бурятия (промежуточный отчет #1)
- Оценка возможностей (потенциально) более эффективных альтернатив (промежуточный отчет #2)
- Выработка рекомендаций о способах усовершенствования инструментов УВР в РБ (настоящий отчет #3).

На первом этапе были определены и документально обоснованы экономические инструменты управления водными ресурсами. Было описано, как они используются в РБ, насколько они полезны с точки зрения поставленных целей и задач водной политики, и устойчивого социально-экономического развития региона. Для этого были определены и проанализированы основные инструменты, применяемые в управлении водными ресурсами на БПТ и рассмотрена практика их применения. Исследуемые инструменты были сопоставлены с целями и задачами социально-экономического развития РБ и БПТ, проблемами и вызовами, с которыми сталкиваются водный сектор (управление водными ресурсами и водохозяйственной инфраструктурой) на указанной территории. Для всесторонней оценки экономических инструментов УВР в форме платежей, налогов и тарифов, а также различных видов господдержки водного сектора использована рекомендованная ОЭСР методика, которая ранее была успешно применена при выполнении аналогичной работы в Кыргызстане и анализе экономических инструментов УВР на уровне Российской Федерации (OECD, 2013a, 2013b).[3]

Данный подход и предыдущие результаты анализа инструментов УВР на уровне РФ были использованы при подготовке промежуточного отчета по первому этапу (Отчет #1). В нем представлены результаты анализа использования экономических и иных инструментов УВР РБ и определены ключевые направления совершенствования инструментов управления водными ресурсами РБ для дальнейшей проработки.

На втором этапе были изучены возможности по совершенствованию экономических инструментов рационального управления водными ресурсами и их внедрению в РБ с учетом опыта стран ОЭСР и ЕС, а также стран ВЕКЦА и других развивающихся стран. Отчет #2 обобщил результаты второго этапа работы. На основе анализа международного опыта выявлен ряд инструментов УВР, которые могут потенциально улучшить управление водными ресурсами в РБ.

Наконец, **последний, третий этап** состоял в разработке и представлении рекомендаций, которые помогут Правительству Республики Бурятия улучшить использование экономических и других инструментов УВР, в целях устойчивого развития водного сектора для увеличения их вклада в устойчивое социально-экономическое развитие РБ.

Реализуя программу действий, Правительство РБ исходит из двух факторов: ожидаемый результат и возможность осуществления программы в республике. В связи с этим особое внимание уделяется возможностям проведения реформ и важнейшим аспектам, связанным с реформами, в частности, законодательным мерам и организационным механизмам. Помимо этого, рекомендации подкрепляются специальной оценкой предлагаемых действий на их совместимость с институциональной и нормативно-правовой основами и прочими факторами.

В основе рекомендаций лежат анализ и данные, собранные на первом этапе проекта (см. отчет #1). В них также используется анализ того, применимы ли образцы лучшей международной практики УВР в условиях Байкальской природной территории и РФ (см. отчет #2 и приложение А).

Проект не имел своей целью разработку детальных инструкций или руководящих принципов использования конкретных инструментов. Предлагаемые рекомендации направлены скорее на совершенствование водной политики и сосредоточены на соответствующих экономических, административных и информационных инструментах, которые могут этому способствовать. Отсутствующие методические указания по внедрению соответствующих инструментов УВР, возможно, будут (и должны быть) разработаны позднее, после того, как будут приняты основополагающие стратегические решения в отношении предлагаемых мер.

Выбранный подход предполагает сочетание разных типов инструментов для эффективного использования и охраны водных ресурсов, сохранения экосистем и их биоразнообразия: экономических, административных, информационных; при рациональном сочетании административных запретов с экономическими, моральными и другими стимулами. При этом в тех случаях, когда потенциальный экологический ущерб является неприемлемым, акцент делается на административных инструментах (запреты, ограничения, стандарты и т.п.). Если же потенциальный ущерб локален, незначителен или некритичен (например, в ситуации, когда один из многих загрязнителей – даже при превышении лимитов сброса – не наносит значимого ущерба экосистеме), приоритет обычно отдается созданию стимулов с помощью экономических и других инструментов.

В данном отчете в большинстве рекомендаций по совершенствованию управления водными ресурсами учитываются внешние эффекты, в частности, связанные с внедрением платы за экосистемные услуги (ПЭУ). Особое внимание было уделено обеспечению потенциальной «осуществимости» мер, о которых идет речь, (прежде всего их политической приемлемости и поддержки, а также технической и финансовой осуществимости) с учетом водной политики на БПТ и в Российской Федерации в целом. В главе 9 настоящего отчета кратко характеризуются общие факторы, влияющие на структуру предлагаемых рекомендаций и оценку их практической осуществимости.

Большинство рекомендаций можно осуществить независимо друг от друга; случаи взаимосвязанных мер указаны.

В отчете рекомендовано значительное количество мероприятий, политическая достижимость (осуществимость) которых сегодня низка, но которые, исходя из международного опыта и особенностей БПТ, направлены на формирование долгосрочных и устойчивых решений в отношении экосистемы озера Байкал. Авторы считают такие рекомендации своего рода «стратегическим заделом» при внедрении и совершенствовании инструментов УВР на БПТ.

Главными ограничивающими факторами при выполнении проекта и подготовке настоящего отчета являются следующие:

1. Проект **не предполагал разработку детальных методических указаний** по внедрению или совершенствованию тех или иных административных и экономических инструментов УВР. Таким образом, разрабатываемые в рамках данного проекта рекомендации относятся, скорее, к совершенствованию водной политики, чем к разработке детальных программ, методик или инструкций. Впоследствии, если и когда будет приняты положительные политические решения по предложенным мерам, разработке детальных программ и методик потребуется уделить необходимое внимание.
2. Проект **направлен на разработку рекомендаций для Правительства РБ**. Однако проведенный анализ системы управления водными ресурсами в РФ и РБ показал, что все без исключения возможные направления совершенствования реализуются, прежде всего, через создание нормативно-правового обеспечения. Практически все предлагаемые мероприятия требуют изменения федерального или регионального законодательства. При этом подавляющая часть выделенных направлений совершенствования системы управления водными ресурсами предполагают **реализацию мероприятий как минимум на двух уровнях власти – на федеральном и региональном**. Реализация мероприятий на уровне РБ может начаться только после мероприятий, реализованных на уровне РФ (принятие законодательных актов, нормативных актов Правительства РФ или федеральных уполномоченных исполнительных органов), включая те случаи, когда республика может выступать пилотным регионом.
3. Повышение потенциала и данные, требуемые для реализации предлагаемых мер, подробно не указаны; в случае некоторых инструментов для этого должны быть проведены особые специализированные исследования.
4. По ряду выявленных проблем в настоящий момент невозможно предложить предметное решение или же оценить потенциальный уровень затрат на реализацию некоторых из предлагаемых мероприятий по совершенствованию инструментов УВР, поскольку для этого **предварительно требуется проведение специальных научных или научно-практических (прикладных) исследований**. Необходимость таких исследований указана в соответствующих подразделах рекомендаций. Важнейшие исследования, которые требуется выполнить для реализации рекомендаций, перечислены в Приложении Б.
5. На территории республики Бурятия находится 57,1% Байкальской природной территории. Формирующийся в РБ водосток оказывает решающее воздействие

на состояние водных ресурсов и экосистемы Байкала в целом. Это определило рамки проекта, который был сфокусирован на УВР в РБ в части бассейна озера Байкал. Разработанные рекомендации часто применимы и во втором ключевом регионе БПТ – Иркутской области, однако анализ применимости специально не проводился. Случаи, когда реализация рекомендаций требует участия органов государственной власти не только РБ, но и Иркутской области, оговорены отдельно.

6. Не рассматривались вопросы межгосударственного сотрудничества между Российской Федерацией и Монголией, на территории которой формируется до четверти стока в оз. Байкал. В ходе обсуждений затрагивалась потребность разработки и внедрения межгосударственного механизма координации интересов по регулированию стока реки Селенга между РФ и Монголией, а также системы развития трансграничного сотрудничества в области УВР. Однако эти вопросы в рамках данного проекта специально не анализировались.

Перечисленные выше ограничения необходимо учитывать при анализе и реализации рекомендованных в настоящем отчете мероприятий.

1.3. Краткое описание важнейших этапов и основных результатов проекта

Для решения поставленных задач проекта, следуя представленному выше подходу, были выполнены следующие работы:

- проведен сбор статистических данных, в том числе:
  - о платежах за водопотребление и использование водных ресурсов, их структуре, объемах налоговых поступлений, водопотреблении по основным категориям пользователей
  - о тарифах на водоснабжение и водоотведение, а также на воду, используемую для орошения, уровне и структуре тарифов, собираемости платежей
  - об объеме потребления воды согласно приборам учета и по основным группам водопользователей
- проведен сбор данных и информации:
  - о государственной поддержке управления водными ресурсами в РБ (основные формы, объемы и цели выделяемых средств, механизмы их выделения, результаты)
  - об административных запретах в центральной («красной») и буферной («желтой») экологических зонах и реализации контроля над соблюдением установленных требований и о правоприменении
- оценены финансовая доступность воды и услуг водопроводно-канализационного хозяйства и возможные последствия повышения тарифов для потребителей
- осуществлен анализ собранных данных, описана система использования воды и управления водными ресурсами в РБ
- проанализированы применяемые в РБ инструменты охраны и рационального использования водных ресурсов на БПТ
- изучен международный опыт применения экономических инструментов управления водными ресурсами, включая меры государственной поддержки

- проанализированы возможности и целесообразность применения в РБ международного опыта, с учетом социально-экономических, институциональных и природных особенностей данного региона
- сформулированы рекомендации по совершенствованию экономических инструментов управления водными ресурсами.

Выходные документы проекта: В ходе проекта были подготовлены два промежуточных отчета (отчеты #1 и #2) и основанный на них данный итоговый, заключительный отчет (отчет #3). Краткое обобщение основных фактов и выводов отчетов #1 и #2 представлено ниже в Главе 2.

Данный Итоговый отчет построен на основе анализа и предложений, сформулированных в отчетах #1 и #2. В них был сделан анализ ситуации в сфере управления водными ресурсами в Республике Бурятия, выявлены проблемы, связанные с применением экономических инструментов УВР в РБ, изучен соответствующий международный опыт и сформулированы основные направления совершенствования инструментов УВР в РБ.

Основным результатом проекта является разработка Рекомендаций по улучшению использования экономических инструментов управления водными ресурсами. Эти инструменты эффективно применяются в странах ОЭСР и других странах мира. Они могут быть не менее эффективно применены в РФ, в частности, в Республике Бурятия, для стимулирования охраны и рационального использования водных ресурсов и обеспечения безопасности и устойчивости экосистем БПТ. Эти рекомендации представлены в разделе 2 настоящего отчета.

1.4. Диалог о водной политике

В целях реализации проекта и в качестве площадки для диалога о водной политике на рассматриваемую тему, совместным приказом Министра экономики РБ и Министра природных ресурсов РБ была создана **Межведомственная координационная группа (МВКГ)**. Поскольку диалог проводился на уровне субъекта федерации, в состав МВКГ вошли представители всех ключевых ведомств Правительства РБ, ответственные за вопросы УВР и природопользования в целом, и водную инфраструктуру, а также представители территориальных органов соответствующих федеральных ведомств, представленных в РБ.

В МВКГ были представлены следующие министерства и ведомства РБ:

- Министерство природных ресурсов РБ
- Министерство экономики РБ
- Министерство сельского хозяйства и продовольствия РБ
- Министерство строительства и модернизации ЖКХ РБ
- Министерство по развитию транспорта, энергетики и дорожного хозяйства РБ
- Республиканская служба по тарифам РБ
- Республиканское агентство лесного хозяйства.

В состав МВКГ также вошли представители территориальных органов ключевых федеральных ведомств, а именно:

- Управление по недропользованию по РБ
- Управление Федеральной службы по надзору в сфере природопользования по РБ
- Енисейское Бассейновое водное управление Федерального агентства водных ресурсов
- Управление Федеральной налоговой службы по РБ
- ФГБУ «Бурятмелиорация».

Основные результаты и рекомендации проекта обсуждались с заинтересованными органами государственной власти РБ. Эти обсуждения проводились прежде всего на заседаниях Межведомственной координационной группы. Соответствующие заседания в рамках диалога о водной политике проходили в январе-декабре 2014 года, а сам проект и подготовка отчетов по нему были завершены в 2015 году.

Было проведено три заседания МВКГ:

1. Установочное заседание 17.01.2014: на нем было принято решение о поддержке проекта органами государственной власти РБ; государственным органам были даны поручения о подготовке информации, требуемой для выполнения проекта, по специальному информационному запросу, представленному на заседании.
2. Промежуточное заседание 04.07.2014: членам МВКГ и приглашенным экспертам были представлены результаты аналитического этапа проекта (этап 1) и потенциально применимый в РБ международный опыт УВР (этап 2). Основные результаты этапов 1 и 2 представлены в соответствующих промежуточных отчетах проекта (отчете #1 и отчете #2).
3. На итоговом заседании 19.12.2014 были подведены итоги диалога о водной политике: членам МВКГ и приглашенным экспертам был представлен и обсуждался проект Рекомендаций (см. часть II данного отчета), которые были в целом одобрены МВКГ.

Повестки дня заседаний МВКГ представлены в приложении В.

1.5. Структура отчета

В отчете указаны: рекомендуемая программа действий, а также этапы ее осуществления. В отчете определяются уровни (федеральный, республиканский, местный), на которых могут быть выполнены рекомендуемые меры.

Основной текст отчета состоит из двух частей.

В части I кратко излагаются цели и методология проекта. В ней кратко характеризуются главные цели и задачи каждого этапа проекта. Указывается охват, излагаются основные подходы и определяются ограничения, которые следует учитывать. В ней также резюмируются основные факты, результаты и выводы первых двух этапов проекта (промежуточных отчетов #1 и #2).

В части II представлены следующие основные рекомендации по улучшению управления водными ресурсами в РБ:

- Совершенствование системы целеполагания и управления природными ресурсами Байкальской природной территории
- Совершенствование инструментов устойчивого использования и сохранения водных ресурсов и регулирования и взимания платы за воду как природный ресурс
- Развитие инструментов повышения капитализации БПТ
- Определение инструментов повышения эффективности деятельности ВКХ и систем ирригации
- Совершенствование системы государственной поддержки водного сектора
- Определение инструментов управления рисками, связанными с водными ресурсами.

В рекомендациях указываются важнейшие условия, требуемые для реализации предлагаемых мер, и отмечается необходимость проведения дополнительных исследований, которые выходят за рамки проекта. За исключением случаев, в которых требуются особые исследования, эксперты оценили необходимые затраты и финансовый результат рекомендаций (в ценах 2014 года). В том, что касается затрат на осуществление рекомендуемых мер, в отчете указаны только **оценки дополнительных затрат** (если таковые имеют место), то есть затраты помимо и сверх нынешних затрат на работу соответствующих государственных органов РФ и РБ. Дополнительные затраты оценивались на основе имеющихся данных о затратах на осуществление схожих мер и программ в других субъектах Российской Федерации. Когда это было целесообразно, также по возможности учитывались и оценивались затраты, связанные с развитием потенциала соответствующих государственных органов.

Кроме того, в нем кратко излагаются основные факторы, которые должны быть учтены при выполнении рекомендаций, и предложения в отношении того, как организовать их выполнение.

В приложении А приводится перечень законодательных актов и публикаций, которые использовались при проведении анализа и подготовке промежуточных отчетов #1 и #2 и данного заключительного отчета (отчета #3). В приложении Б представлен перечень дополнительных исследований, требуемых для реализации рекомендаций Отчета. Наконец, в приложении В представлены повестки дня заседаний в рамках диалога о водной политики, на которых обсуждались основные результаты и рекомендации проекта.

Примечания

1. См. публикацию ОЭСР СРГ ПДООС (2013a).
2. Они были представлены в форме доклада, озаглавленного “Анализ действующей системы контроля затрат и стимулов к повышению экономической эффективности и результативности деятельности работы организаций сектора орошения и водоснабжения и санитарии в пределах Российской части бассейна озера Байкал. Разработка рекомендаций

по совершенствованию системы контроля затрат и усилению вышеуказанных льгот в этих отраслях" (доступен только на русском языке), а также в форме замечаний и предложений к техническому заданию и Отчетам, подготовленным в рамках этого проекта.

3. См. публикации ОЭСР СРГ ПДООС (2013a и 2013b).

Ссылки

ОЭСР СРГ ПДООС (2015), Оценка возможностей (потенциально) более эффективных альтернатив (промежуточный отчет #2), ОЭСР, Париж, www.oecd.org/env/outreach/REPORT_1%20Economic%20Instruments%20for%20water%20management%20in%20the%20Republic%20of%20Buryatia.pdf.

ОЭСР СРГ ПДООС (2014), Обзор внедрения экономических инструментов управления водными ресурсами в Республике Бурятия (промежуточный отчет #1), ОЭСР, Париж, www.oecd.org/env/outreach/REPORT_1%20Economic%20Instruments%20for%20water%20management%20in%20the%20Republic%20of%20Buryatia.pdf.

ОЭСР СРГ ПДООС (2013a), Экономические инструменты управления водными ресурсами в России, ОЭСР, Париж, www.oecd.org/env/outreach/REPORT_2%20Economic%20Instruments%20for%20water%20management%20in%20the%20Republic%20of%20Buryatia.pdf.

ОЭСР СРГ ПДООС (2013b), Улучшение использования экономических инструментов управления водными ресурсами в Кыргызстане: на примере озера Иссык-Куль, Издательский отдел ОЭСР, Париж, www.oecd.org/environment/outreach/Kyrgyzstan_Eis%20for%20WRM_2nd%20edition_ENG%20web.PDF.

Глава 2

Проблемы управления водными ресурсами и водохозяйственной инфраструктурой в Республике Бурятия и бассейне озера Байкал

Настоящая глава сосредоточена на проблемах управления водными ресурсами и водохозяйственной инфраструктурой в Республике Бурятия и бассейне озера Байкал. Вначале представляются основные факты и выводы первого и второго промежуточных отчетов проекта. Полученными результатами определяется логика изложения рекомендаций в части II отчета. Эта логика объясняется в последнем разделе данной главы.

2.1. Основные цели и задачи стратегии социально-экономического развития, проблемы и цели природоохранной (водной) политики

Приоритетные направления социально-экономического развития Бурятия определены Программой социально-экономического развития Республики Бурятия на период до 2020 года, утвержденной Законом РБ от 14.03.2011 № 1903-IV, и заключаются в развитии:

- минерально-сырьевого комплекса
- туристско-рекреационного комплекса
- агропромышленного комплекса
- лесопромышленного комплекса
- инновационной деятельности
- человеческого капитала.

Развитие минерально-сырьевого комплекса предусматривает прирост добычи угля, урана, золота и вольфрама, начало добычи цинка, свинца, бериллия, молибдена и вольфрама. Основные риски при развитии минерально-сырьевого комплекса связаны с возможным загрязнением водных объектов. Развитие туристско-рекреационного комплекса предполагает увеличение антропогенной нагрузки на регион, увеличение забора воды и объемов сброса сточных вод. Развитие агропромышленного комплекса в РБ из-за малого количества осадков невозможно без развития мелиоративных систем. Развитие лесопромышленного комплекса сопряжено с широким использованием водных и энергетических ресурсов.

Федеральная целевая программа «Охрана озера Байкал и социально-экономическое развитие Байкальской природной территории на 2012-2020 годы» имеет важнейшее значение для обеспечения рационального использования ресурсов и охраны озера Байкал. Она преследует цель охраны озера Байкал и БПТ от негативного влияния антропогенных, техногенных и природных факторов.

Федеральный закон «Об охране озера Байкал» регулирует правовые основы охраны озера Байкал, исходя из того, что Байкал – это «уникальная экологическая система Российской Федерации» и «объект всемирного природного наследия». Последняя констатация весьма важна, поскольку, согласно Конституции РФ, международные обязательства России имеют приоритет над требованиями национального законодательства РФ. Федеральный закон от 14.03.1995 № 33-ФЗ «Об особо охраняемых природных территориях», также распространяющийся на оз. Байкал, устанавливает, что регулирование осуществляется «в целях сохранения уникальных и типичных природных комплексов и объектов, достопримечательных природных образований, объектов растительного и животного мира, их генетического фонда, изучения естественных процессов в биосфере и контроля за изменением ее состояния, экологического воспитания населения».

Следует обратить внимание, что первым принципом, на котором основывается российское водное законодательство и изданные в соответствии с ним нормативные правовые акты, в Водном кодексе РФ поименована «значимость водных объектов в качестве основы жизни и деятельности человека» как «природного ресурса, используемого человеком для личных и бытовых нужд, осуществления хозяйственной и иной деятельности, и одновременно объекта права собственности и иных прав».

Таким образом, при постановке целей и задач республиканской и федеральной политики в отношении использования природных ресурсов БПТ имеются противоречия. Целью федеральных программных документов в области использования ресурсов и охраны озера Байкал является охрана озера Байкал и защита БПТ от негативного воздействия антропогенных, техногенных и природных факторов, что соответствует международным обязательствам России в отношении Байкала как объекта всемирного природного наследия под охраной ЮНЕСКО. Тогда как Республика Бурятия при определении приоритетов охраны и рационального использования водных ресурсов вынуждена выстраивать **баланс** между целью охраны оз. Байкал и БПТ от негативного воздействия и целью обеспечения устойчивого социально-экономического развития республики.

2.2. Степень соответствия набора инструментов управления водными ресурсами РБ целям и задачам водной политики

Анализ использования экономических инструментов управления водными ресурсами Республики Бурятия показал, что имеется ряд несоответствий между используемыми в РБ инструментами УВР, с одной стороны, и основными задачами и вызовами, стоящими перед водным сектором республики, с другой стороны. В частности:

- платежи за извлечение воды используются только как источник пополнения федерального бюджета, вне связи с задачами УВР в РБ. Платежи не используются в качестве инструмента регулирования объема и структуры потребления воды, ставки платежей не связаны с объем затрат на содержание водной инфраструктуры
- тарифы на услуги водоснабжения и водоотведения являются неоправданно низкими. Не обеспечивают возможность восстановления основных фондов, недостающие средства не компенсируются из бюджетной системы или иных источников, полномочия органов власти РБ при формировании тарифов ограничены решениями федерального уровня
- тарифы на водоснабжение в целях ирригации весьма низки, и их собираемость также находится на низком уровне. Эти платежи не увязаны с затратами на текущий ремонт и содержание систем ирригации и фактически не согласуются с целями УВР
- ставки платы за негативное воздействие на водные объекты определяются на федеральном уровне, что не позволяет учесть специфику РБ при стимулировании снижения сбросов, в частности экономические возможности загрязнителей
- объемы бюджетного финансирования водного сектора существенно ниже, чем требуется для простого восстановления основных фондов водохозяйственных систем (водной инфраструктуры);
- масштаб взимания платы за экосистемные услуги крайне ограничен и не оказывает серьезного влияния на состояние экосистем.

Ряд имеющихся инструментов должен быть существенно улучшен (в первую очередь, тарифные инструменты), тогда как некоторые другие инструменты в РБ пока практически не применяются (например: взимание платы за экосистемные услуги, установление лимитов по массе сбросов вредных веществ в водные объекты и внедрение рынка квот, платежи, направленные на компенсацию ущерба экосистеме Байкала из-за использования озера в гидроэнергетических целях и перераспределение гидроэнергетической ренты, налоги на диффузное загрязнение водных ресурсов и другие) и их целесообразно ввести.

2.3. Улучшение существующих и внедрение новых экономических инструментов УВР с учетом соответствующей практики

Управление водными ресурсами включает управление их количеством и качеством. Общими особенностями УВР в развитых странах являются комплексный подход и сочетание разных типов инструментов. Комплексность УВР предполагает системность при выборе инструментов регулирования водопользования на всех стадиях "водного цикла", учет их взаимосвязи между собой.

Используемые в международной практике инструменты управления водными ресурсами исключительно разнообразны (см. отчет #2). Основными типами инструментов являются экономические инструменты (для создания положительных и отрицательных стимулов и мобилизации финансовых средств) и административные инструменты (директивное регулирование) и их рациональное сочетание. Вспомогательную роль играют информационные и прочие инструменты, которые создают моральные и иные стимулы. Тенденцией последних десятилетий в странах ОЭСР и ЕС является расширение применения экономических инструментов. В то же время, замещение административных инструментов экономическими приемлемо лишь в тех случаях, когда потенциальный ущерб водным ресурсам и окружающей среде в целом локален, незначителен или некритичен. Если же возможный ущерб неприемлемо велик, применяются административные методы.

На первом этапе основной задачей внедрения экономических инструментов управления водными ресурсами в РБ является более полное внедрение платы за воду как за ресурс (в том числе в ирригации) и обеспечение должной собираемости платежей. Плата за извлечение воды в форме водного налога и платы за забор воды и пользование водными объектами применяется практически во всех развитых странах мира. Данный инструмент используется с двумя целями: управление объемом и структурой использования воды и мобилизация финансовых средств (в том числе средств, направляемых на цели УВР).

При определении тарифов на воду в водопроводно-канализационном хозяйстве, и на воду, используемую для орошения, развитые страны исходят из необходимости достижения целевых показателей в отношении объемов и структуры потребления воды, а также решают задачу нахождения баланса между объемом расходов потребителей на воду и устойчивостью финансового положения поставщиков услуг. В тех случаях, когда возмещение всех расходов за счет тарифов на водохозяйственные услуги невозможно или неоправданно (например, из-за ограничений по финансовой доступности услуг для населения), разница между расходами поставщиков услуг и выручкой (тарифная выручка и плата за подключение) должна быть компенсирована из бюджета.

Эффективным инструментом балансировки интересов потребителей и поставщиков услуг водоснабжения и водоотведения являются двухставочные тарифы, включающие фиксированный платеж и переменную составляющую. Правильно определенные двухставочные тарифы создадут у потребителей стимулы экономить воду и, в то же время, обеспечивают экономическую устойчивость поставщиков. Первым шагом на пути совершенствования тарифной политики в регионе, должно стать установление экономически обоснованных тарифов (тарифов, обеспечивающих возмещение операционных и капитальных расходов), либо компенсаций в связи с разницей фактических и экономически обоснованных тарифов.

Установление налогов и платы за негативное воздействие на водные ресурсы (плата за сбросы) должно стимулировать загрязнителей к снижению уровня сбросов. Наибольший эффект достигается в тех случаях, когда ставки значительны, но не являются непосильными для загрязнителей с учетом их финансового положения, что может быть достигнуто дифференциацией платы по территориям и установлением ужесточающихся по времени нормативов в привязке к используемым производственным технологиям. Эффективным инструментом управления объемами сброса загрязнений является механизм торговли разрешениями на сбросы загрязняющих веществ в водные объекты. Однако данная схема в современной России не применяется, в связи с чем потребуется переходный период на ее внедрение. На первом этапе этот механизм может быть использован в отношении отдельных водных объектов и загрязняющих веществ.

В большинстве развитых стран мира стимулирование повторного использования продукции, минимизации образования и рециклинга отходов и надлежащего обращения с отходами в последние десятилетия стало последовательной государственной политикой. Это касается как бытовых отходов, так и отходов потребления отдельных видов продукции (отработанные машинные масла, лакокрасочные изделия и агрохимикаты с истекшими сроками действия и т.п.). Проведенный в отчете #1 анализ показывает, что в Республике Бурятия существует потребность в адаптации и использовании данного опыта в целях снижения загрязнения водных ресурсов.

Ключевым аспектом обеспечения баланса между сохранением природных ресурсов экосистемы Байкала и достижением устойчивого экономического развития Бурятии является капитализация Байкальской природной территории. Для успешной капитализации БПТ требуется адаптация международного опыта, прежде всего, в области применения инструментов сохранения биоразнообразия, платы за экосистемные услуги, и в области поддержки эколого-ориентированных видов деятельности.

Успешное управление рисками, связанными с водными ресурсами, предполагает создание систем мониторинга и мероприятий, направленных на снижение вероятности наступления данных рисков и ущерба в случае их реализации.

Возможности использования лучшего опыта государственной поддержки водного хозяйства в Республике Бурятия сегодня ограничены решениями федеральных органов государственной власти. Основываясь на успешной международной практике (см. отчет #2), перспективными направлениями развития поддержки водного сектора являются повышение доступности долгосрочных заемных средств и аккумулирование поступлений, связанных с водными ресурсами и окружающей средой, в специализированных (целевых) фондах. Следует также отметить, что для поддержания конкурентоспособности производителей сельскохозяйственной продукции в РБ сохранение субсидии на стоимость воды для орошения является намного менее эффективным инструментов господдержки, по сравнению с поддержкой в форме развития инфраструктуры хранения и переработки сельхозпродукции, создания системы сертификации продукции, в том числе на экспорт, поддержки сельскохозяйственной кооперации и др.

Подробнее результаты анализа практики использования экономически инструментов УВР в РБ и международного опыта представлены в отчетах #1 и #2.

2.4. Основные проблемы УВР Бурятии и логика представления рекомендаций

Основные проблемы и трудности, существующие в водном хозяйстве РБ.

В отчете #1 был указан ряд основных нерешенных вопросов и проблем водного хозяйства РБ, которые представлены ниже в таблице 2.1. В ней устанавливается соответствие между проблемами и набором мер по их решению, рекомендуемым в данном отчете.

Логика представления рекомендаций

Экономические инструменты являются частью системы управления, и их применение не является самоцелью. Наоборот, их выбор обычно подчинен решению главной задачи: используемый набор инструментов должен максимально способствовать достижению целей и выполнению задач водной политики и стратегии, отвечать проблемам и вызовам, которые стоят перед водным сектором; инструменты должны стыковаться друг с другом и с системой управления водными ресурсами и водохозяйственным комплексом в целом.

В данном отчете рекомендации, представленные в части II, подразделяются на следующие тематические группы:

Первый блок рекомендаций касается совершенствования системы целеполагания и управления природными ресурсами в РБ в целом, и на БПТ в частности. Он касается, в том числе, информационной базы принятия управленческих решений, системы мониторинга и оценки, которую можно было бы использовать, в том числе, для оценки результативности и эффективности использования различных инструментов УВР. Одной из таких рекомендаций является формирование системы обязательного раскрытия информации об экологических показателях деятельности объектов на БПТ.

Второй блок касается защиты водных ресурсов от чрезмерного использования, а также от точечного и диффузного загрязнения. Инструментами решения этих задач является плата за воду, как природный ресурс, плата за сбросы, налоги на отдельные виды продукции, которые вносят значительный вклад в диффузное загрязнение водных ресурсов, и надлежащее обращение с отходами производства и потребления на БПТ, которая страдает от замусоренности, фильтрата со свалок и т.п.

Третий блок рекомендаций касается путей повышения капитализации БПТ, инструментами которой, в частности, являются экономическая оценка природных ресурсов, развитие эколого-ориентированных видов деятельности, перераспределение гидроэнергетикой ренты, плата за экосистемные услуги, а также упорядочение экологической регламентации на БПТ.

Четвертый блок включает экономические инструменты повышения эффективности водохозяйственных систем, включая тарифы по водоснабжению и водоотведению и тарифы на поливную воду.

Пятый блок касается совершенствования инструментов государственной поддержки УВР и водохозяйственного комплекса РБ.

Шестой блок относится к инструментам управления рисками негативного воздействия вод, а также рисками для водных ресурсов и механизмам компенсации ущерба от их реализации.

Таблица 2.1. **Важнейшие проблемы водного сектора и УВР в Республике Бурятия и пути их решения**

Проблема	Содержание проблемы	Возможные пути решения и рекомендуемые инструменты
Недостаточная согласованность целеполагания и недостаточный уровень координации органов публичной власти при управлении Байкальской природной территорией, в том числе ее водными ресурсами	Существуют расхождения в постановке целей и задач развития Республики Бурятия и БПТ между уровнями публичной власти. Подавляющая часть решений в отношении БПТ принимается федеральными органами власти, роль региональных органов власти и органов местного самоуправления ограничена. Недостаточен уровень координации деятельности органов публичной власти по ряду аспектов	• улучшение целеполагания при управлении Байкальской природной территорией; • совершенствование организации управления природными ресурсами в РБ и на Байкальской природной территории; • улучшение информационной базы управления водными ресурсами: развитие учета, отчетности и статистики водного сектора; • совершенствование системы мониторинга состояния экосистемы Байкальской природной территории; • повышение результативности системы государственной поддержки водного сектора Республики Бурятия и Байкальской природной территории; • создание целевого фонда поддержки Байкальской природной территории
Замедление социально-экономического развития РБ за счет не всегда оправданных административных ограничений и запретов, установленных в отношении экономической деятельности на БПТ	Установленная на федеральном уровне система административных ограничений не ориентирована на нахождение баланса между целью охраны оз. Байкал и БПТ целью обеспечения устойчивого социально-экономического развития РБ	• оптимизация ставок платы за извлечение воды; • установление лимитов по массе сбросов определенных вредных веществ в водные объекты и поэтапное развитие рынка квот на сбросы; • оценка природного капитала экосистемы Байкала; • упорядочение системы экологической регламентации на Байкальской природной территории и смягчение системы административных запретов с расширением применения экономических инструментов управления в отношении деятельности в центральной экологической зоне Байкальской природной территории; • государственная поддержка эколого-ориентированных видов деятельности (для повышения капитализации Байкальской природной территории); • внедрение взимания платы за экосистемные услуги; • внедрение на Байкальской природной территории системы обязательного страхования некритических рисков для водных ресурсов и связанных с ними экосистем и биоразнообразия
Недостаток развития и высокий износ систем водопроводно-канализационного хозяйства и ирригационных систем Острый недостаток средств на обеспечение восстановления объектов водной инфраструктуры всех типов, а также средств для ликвидации прошлого экологического ущерба	Тарифная выручка ВКХ, бюджетное и внебюджетное финансирование систем ирригации, ГТС, прочих объектов водной инфраструктуры не обеспечивают достаточного объема средств даже для простого восстановления основных фондов водного сектора. Устойчивое ухудшение состояния систем ВКХ и ирригационных систем РБ	• совершенствование начисления и взимания платы за негативное воздействие на окружающую среду; • установление лимитов по массе сбросов определенных вредных веществ в водные объекты и поэтапное развитие рынка квот на сбросы; • введение сбора (налога) на токсичные сельскохозяйственные химикаты (пестициды, гербициды и другие) и синтетические моющие средства; • совершенствование тарифной политики в водопроводно-канализационном хозяйстве; • развитие платы за орошение сельскохозяйственных земель. • создание целевого фонда поддержки Байкальской природной территории; • государственная поддержка эколого-ориентированных видов деятельности (для повышения капитализации Байкальской природной территории); • перераспределение гидроэнергетической ренты и внедрение компенсационных платежей за ущерб, наносимый экосистеме озера Байкал и экономике прибрежных районов (в связи с функционированием Ангарского каскада ГЭС); • поддержка внедрения технологий очистки стоков, обеспечивающих достижение нормативов качества водных объектов на Байкальской природной территории

Таблица 2.1. **Важнейшие проблемы водного сектора и УВР в Республике Бурятия и пути их решения** *(продолжение)*

Проблема	Содержание проблемы	Возможные пути решения и рекомендуемые инструменты
Недостаточный уровень стимулирования загрязнителей к сокращению сбросов в водные объекты и реализации природоохранных мероприятий	Используемые экономические и административные инструменты управления слабо стимулируют загрязнителей снижать сбросы и осуществлять природоохранные мероприятия. Существующие стимулы формируются на федеральном уровне и слабо учитывают реальные экономические возможности загрязнителей в РБ	• формирование системы обязательного раскрытия информации об экологических показателях деятельности расположенных на Байкальской природной территории объектов; • оптимизация ставок платы за извлечение воды; • совершенствование начисления и взимания платы за негативное воздействие на окружающую среду; • введение сбора (налога) на токсичные сельскохозяйственные химикаты (пестициды, гербициды и другие) и синтетические моющие средства; • совершенствование системы обращения с отходами на Байкальской природной территории и стимулирование безопасной переработки экологически вредной продукции; • поддержка внедрения технологий очистки стоков, обеспечивающих достижение нормативов качества водных объектов на Байкальской природной территории; • поддержка развития систем ливневой канализации, локального водоотведения, сокращение и ликвидация сбросов жидких бытовых отходов в Байкал
Диффузное загрязнение водных объектов; загрязнение прибрежных зон поверхностных водных объектов мусором	На экологическое состояние БПТ отрицательно влияет отсутствие инструментов контроля диффузного загрязнением; и недостатки системы обращения с отходами, включая твердые бытовые отходы и жидкие бытовые отходы	• совершенствование системы мониторинга состояния • экосистемы Байкальской природной территории • введение сбора (налога) на токсичные сельскохозяйственные химикаты (пестициды, гербициды и другие) и синтетические моющие средства • совершенствование системы обращения с отходами на БПТ и стимулирование безопасной переработки экологически вредной продукции • поддержка развития систем ливневой канализации, локального водоотведения, сокращение и ликвидация сбросов жидких бытовых отходов в Байкал.
Недостаточный уровень управления рисками негативного воздействия вод (селей, наводнения и подтоплений) на территории Республики Бурятии	Система предотвращения негативного воздействия вод в РБ не обеспечивает достаточной степени минимизации рисков наводнений и подтоплений, а также потенциального ущерба от них	• совершенствование системы мониторинга состояния экосистемы Байкальской природной территории • содействие обеспечению колебания уровня озера Байкала наиболее приближенные к естественным значениям • усиление контроля соблюдения запрета на новое строительство на территориях, подверженных чрезвычайно высокому риску негативного воздействия вод • развитие на Байкальской природной территории системы обязательного страхования риска негативного воздействия вод • дифференциация ставок земельного налога и налогов на имущество (в части недвижимости) по фактору наличия и качества инфраструктуры защиты от негативного воздействия вод.

Источник: Собственные оценки и предложения авторов.

В отчете отдельно выделены важнейшие общие факторы, требующие учета при внедрении рекомендаций, и предложения по организации внедрения рекомендаций.

В целом, рекомендации для Республики Бурятия, разработанные на основе анализа собранных данных с учетом международного опыта (см. отчет #2), предполагают сбалансированное сочетание административных, экономических и иных инструментов, позволяющее соблюсти экономические интересы республики и необходимость сохранения уникальной экосистемы озера Байкал.

Ссылки

Закон РБ № 1903-IV от 14 марта 2011 года.

Правительство Российской Федерации, постановление «О федеральной целевой программе «Охрана озера Байкал и социально-экономическое развитие Байкальской природной территории на 2012-2020 годы» (21 августа 2012 года, № 847).

Правительство Российской Федерации, Федеральный закон «Об особо охраняемых природных территориях» (14 марта 1995 года № 33-ФЗ).

Часть II

Рекомендации по совершенствованию экономических инструментов управления водными ресурсами в Республике Бурятия

В части II представлены рекомендации проекта (главы 3-8) и рассматриваются факторы, важные для выполнения рекомендаций, а также предложения о том, как организовать процесс их выполнения (глава 9).

Глава 3

Улучшение целеполагания и управления природными ресурсами на БПТ

В настоящей главе представлены рекомендации по совершенствованию управления природными ресурсами Байкальской природной территории (БПТ) в целом, в частности путем: улучшения системы постановки целей политики; совершенствования информационной базы УВР; создания системы обязательного раскрытия информации о показателях результативности экологической деятельности и улучшения системы мониторинга состояния экосистемы БПТ.

3.1. Улучшение системы целеполагания в области управления БПТ

Характеристика проблемы

Основополагающими федеральными правовыми актами по обеспечению охраны озера Байкал являются Конституция РФ, Водный и Градостроительный кодексы РФ, Водная стратегия РФ, Федеральные законы «Об охране окружающей среды» и «Об охране озера Байкал», постановления Правительства РФ, принятые в рамках реализации этих законов.

Проведенный анализ показал, что система целей и задач в документах управления ресурсами Байкальской природной территории характеризуется различиями в подходах. В указанных федеральных актах основной целью УВР является охрана озера Байкал и защита Байкальской природной территории от негативного воздействия антропогенных, техногенных и природных факторов. В свою очередь, Республика Бурятия при определении приоритетов охраны и рационального использования водных ресурсов вынуждена выстраивать баланс между целью охраны оз. Байкал и БПТ от негативного воздействия и целью обеспечения устойчивого социально-экономического развития республики. Таким образом, существует потребность в ревизии и упорядочивании определенных в различных нормативных актах системы целей и задач в отношении БПТ.

Отдельной проблемой в области целеполагания в отношении БПТ является нечеткость статуса схем комплексного использования и охраны водных объектов в отношении всего комплекса водных объектов (СКИОВО) БПТ. Согласно Водному кодексу РФ, СКИОВО включают в себя систематизированные материалы о состоянии водных объектов и об их использовании и являются основой осуществления водохозяйственных мероприятий и мероприятий по охране водных объектов, расположенных в границах речных бассейнов. Четкое определение статуса СКИОВО как планировочного документа в Градостроительном кодексе РФ отсутствует, что является общей для России проблемой.

Значительная часть СКИОВО водных объектов бассейна Байкала разработана и утверждена приказами Енисейского Бассейнового водного управления Федерального агентства водных ресурсов (http://skiovo.enbvu.ru/). Требуется завершить данную работу. По оценкам авторов, также существует потребность в уточнении действующих федеральных методик разработки СКИОВО для учета особенностей БПТ.

Содержание мероприятий

1. Ревизия целей и задач и внесение соответствующие изменения в федеральные и региональные нормативные акты по охране озера Байкал, а также их согласование с требованиями Водного и Градостроительного кодексов РФ, Федерального закона «Об охране окружающей среды» и обязательств России по законодательному обеспечению действий по сохранению уникальной экосистемы оз. Байкал.

При проведении данной ревизии следует обратить внимание на правовое обеспечение охраны оз. Байкал, как природного объекта, отнесенного к участкам Всемирного природного наследия. Кроме того, при целеполагании рекомендуется обратить особое внимание на разработку системы мер в области экологического образования и повышения культурного уровня населения РБ и туристов, приезжающих на БПТ.

2. Определение статуса СКИОВО как планировочного документа в Градостроительном кодексе РФ с целью гармонизации требований федерального законодательства в отношении данного инструмента УВР.

3. Уточнение действующих федеральных методик разработки СКИОВО, завершение разработки и утверждение всех схем комплексного использования и охраны водных объектов БПТ.

Необходимый объем затрат и фискальный эффект

Мероприятия 1 и 2 (см. таблицу 3.1) могут быть реализованы в рамках текущей деятельности органов публичной власти. Прямые затраты и непосредственное влияние на бюджетные доходы в их отношении отсутствуют. Стоимость выполнения работ в рамках мероприятия 3 предварительно можно приблизительно в 25-35 млн. руб.

Таблица 3.1. **«Осуществимость» рекомендуемых мер и оцениваемые сроки реализации**

		Сроки реализации	
Наименование мероприятия	**Достижимость**	**Исходя из содержания**	**Исходя из социальной и экономической приемлемости**
Ревизия целей и задач и внесение соответствующие изменения в федеральные и региональные нормативные акты по охране озера Байкал	средняя	1-2 года	1-2 года
Определение статуса схемы комплексного использования и охраны водных объектов как планировочного документа в Градостроительном кодексе РФ	высокая	6 месяцев-1 год	6 месяцев-1 год
Уточнение действующих федеральных методик разработки СКИОВО, завершение разработки и утверждение всех схем комплексного использования и охраны водных объектов БПТ	высокая	1-2 года	1-2 года

Источник: Собственные рекомендации и оценки авторов отчета.

Уровень реализации и взаимосвязь с водной политикой России

Ввиду разделения обязанностей между уровнями системы государственного управления в РФ федеральные органы власти и органы власти субъектов федерации имеют полномочия на совместную реализацию меры 1 с целью повышения эффективности УВР на БПТ (федеральный орган власти внесет изменения в соответствующие федеральные законодательные акты, а орган власти субъекта федерации приведет акты субъекта федерации в соответствие с федеральными законодательными актами). Улучшение системы целеполагания должна производиться не только органами власти РБ, но и органами власти Иркутской области. Мероприятия 2 и 3 полностью реализуются федеральными властями.

Рекомендованные мероприятия могут осуществляться независимо друг от друга.

Ожидаемый результат

- гармонизация законодательства об охране озера Байкал и защите БПТ от негативного воздействия антропогенных, техногенных и природных факторов
- создание основы для совершенствования системы УВР БПТ, в том числе для внедрения новых инструментов, позволяющих обеспечить баланс между сохранением экосистемы оз. Байкал и обеспечением устойчивого социально-экономического развития РБ.

3.2. Совершенствование организации управления природными ресурсами в РБ и на БПТ

Характеристика проблемы

В последние десятилетия во многих странах мира особое внимание уделяется вопросам комплексного управления водными ресурсами (КУВР) и установлению взаимосвязи между различными социальными, экономическими и экологическими аспектами проблем, связанных с водой. Согласно терминологии ООН, КУВР определяется как «процесс, который способствует скоординированному развитию и управлению водой, сушей и связанными с ними ресурсами для беспристрастной максимизации проистекающего отсюда экономического и социального благосостояния без риска для устойчивости жизненно важных экосистем». Результатом такого управления должно являться причинение наименьшего ущерба биоразнообразию и природным экосистемам, и, тем самым, обеспечение права человека на благоприятную окружающую среду, в том числе чистую воду. Данный принцип управления водными ресурсами закреплен резолюцией Генеральной Ассамблеи ООН от 29 июля 2010 г.

Для внедрения принципа комплексного управления водными ресурсами бассейна озера Байкал необходимо повысить эффективность институциональных механизмов на всех уровнях власти. Кроме того, нужно также четко выделить функции для каждого уровня и разработать механизмы координации между ними как по вертикали власти, так и в горизонтальном направлении.

В настоящее время для координации деятельности по совершенствованию комплексного управления водными ресурсами и другими природными ресурсами на БПТ в соответствии с Федеральным законом от 01.05.1999 № 94-ФЗ «Об охране озера Байкал» создана Межведомственная комиссия по вопросам охраны озера Байкал (Комиссия). Комиссия обеспечивает согласование действий уполномоченных органов исполнительной власти в отношении озера Байкал и БПТ. К задачам Комиссии отнесены:

- координация работ по изучению, воспроизводству, использованию и охране природных ресурсов БПТ, сохранению биологического разнообразия, обеспечению экологической безопасности, решению социально-экономических задач региона;
- совершенствование нормативно-правового регулирования в области охраны окружающей среды и рационального использования природных ресурсов БПТ;
- осуществление государственного экологического мониторинга уникальной экологической системы озера Байкал;
- выполнение обязательств РФ в сфере охраны оз. Байкал как объекта всемирного природного наследия ЮНЕСКО.

Однако, как показывает опыт нескольких лет работы Комиссии, эффективность ее деятельности недостаточна, требуется повышение ее статуса и расширение полномочий для обеспечения выполнения возложенных на нее функций.

Содержание мероприятий

1. Повышение статуса Межведомственной комиссии по вопросам охраны озера Байкал, как органа, координирующего политику охраны и использования природных ресурсов БПТ, и развитие на ее основе системы комплексного управления водными ресурсами.

2. Внедрение в практику управления БПТ результатов проекта Глобального экологического фонда и программы развития ООН «Комплексное управление природными ресурсами трансграничной экосистемы бассейна озера Байкал» в части оценки потенциала бассейнового управления и реализации программ по наращиванию потенциала управления подбассейнами с использованием комплексного планирования, картирования с применением геоинформационных систем.

Вопросы комплексного управления водными ресурсами должны решаться во взаимосвязи с решением задачи улучшения целеполагания при управлении БПТ.

Необходимый объем затрат и фискальный эффект

Мероприятия могут быть реализованы в рамках текущей деятельности органов публичной власти, прямые затраты и непосредственное влияние на бюджетные доходы отсутствуют.

Реализация мер: уровень полномочий и связь с водной политикой Российской Федерации

Мероприятия, очерченные в таблице 3.2, направлены на повышение эффективности УВР на БПТ. Для их реализации должны быть предприняты действия федеральными органами власти в сотрудничестве с региональными органами власти РБ и Иркутской области. Рекомендованные мероприятия могут осуществляться независимо друг от друга.

Таблица 3.2. **«Осуществимость» рекомендуемых мер и оцениваемые сроки реализации**

Наименование мероприятия	Достижимость	Сроки реализации	
		Исходя из содержания	Исходя из социальной и экономической приемлемости
Повышение статуса Межведомственной комиссии по вопросам охраны озера Байкал, как органа, координирующего политику охраны и использования природных ресурсов БПТ, и развитие на ее основе системы комплексного управления водными ресурсами на БПТ	средняя	1 год	1 год
Внедрение в практику управления БПТ результатов проекта Глобального экологического фонда и программы развития ООН «Комплексное управление природными ресурсами трансграничной экосистемы бассейна озера Байкал» в части оценки потенциала бассейнового управления и реализации программ	средняя	1-2 года	1-2 года

Источник: Собственные рекомендации и оценки авторов отчета.

Ожидаемый результат

- обеспечение необходимого (более высокого) статуса Межведомственной комиссии по вопросам охраны озера Байкал
- повышение уровня межведомственной координации при управлении БПТ, повышение степени комплексности УВР Байкальской природной территории.

3.3. Совершенствование информационной базы УВР: развитие учета, отчетности и статистики водного хозяйства Российской Федерации

Характеристика проблемы

Статистический учет в водном секторе в Российской Федерации представлен, прежде всего, данными, публикуемыми в ежегодных официальных статистических сборниках Федеральной службы государственной статистики (Росстат) «Охрана окружающей среды в России» и данными ведомственной статистики (в том числе по форме 2тп-водхоз), которые обобщаются в ведомственных государственных докладах «О состоянии и об охране окружающей среды», которые готовятся региональными и федеральными органами власти в отношении России в целом (и отдельно по БПТ)[1].

В отношении организаций водопроводно-канализационного хозяйства Росстат собирает данные, используя единые унифицированные для всех предприятий формы «1-водопровод», «1-канализация», № «1-КХ», а также формы «22-ЖКХ (сводная)».

В ходе проведенного анализа (см. Отчет #1) был выявлен ряд недостатков учета, отчетности и статистики водного сектора РФ.

1. Существующая система статистического учета в целом позволяет получить информацию о ключевых аспектах водопользования и природопользования. Однако статистика Росстата содержит только базовые показатели водопользования и УВР, более детальные данные не всегда доступны. Органы власти субъектов РФ самостоятельно выбирают форму подготовки региональных докладов «О состоянии и об охране окружающей среды», общие требования к перечню показателей в них отсутствуют. Существующая база не обеспечивает системного представления об использовании воды на всех этапах «водного цикла» – извлечения и использования воды, очистки сточных вод и их сброса в водные объекты разными типами потребителей. Кроме того, в существующей системе статистического учета трудно выделить информацию в разрезе БПТ.

2. Указанные формы статистической отчетности Росстата о ВКХ не являются общедоступной информацией. Кроме того, данные о водопроводно-канализационном хозяйстве содержат отдельные искажения. К таким искажениям относятся:

- указание данных о нормативных потерях воды в системах ВСиВО, а не данных о фактических потерях
- указание данных мониторинга качества питьевой воды, полученных на водоканалах, а не на границе зон ответственности водоканалов (на вводе в жилые дома и распределительные сети организаций) – т.е. не учитывается влияние состояния (нередко плачевного) сетей водоснабжения на качество питьевой воды в точках разбора воды.

3. Используемая в России классификация бюджетных расходов не позволяет однозначно соотнести направления бюджетных расходов с вопросами управления

природными ресурсами и, в частности, водными ресурсами, а также развития водохозяйственных систем. Классификация ежегодно устанавливается Приказами Министерства финансов Российской Федерации и содержит отдельные статьи расходов, связанные с водным сектором (в частности, «Защита населения и территории от чрезвычайных ситуаций природного и техногенного характера, гражданская оборона», «Водное хозяйство», «Коммунальное хозяйство»), но не охватывающие его и не ограниченные им.

Единый подход к выделению бюджетных расходов, связанных с УВР и управлением природными ресурсами в целом в России отсутствует. Расходы на строительство, модернизацию и развитие водохозяйственных систем, включая сети и сооружения водоснабжения и водоотведения, вполне могут быть обнаружены, например, в составе расходов по таким статьями бюджета, как: «Национальная экономика» (инфраструктура водоснабжения и водоотведения в особых экономических зонах) и «Национальная оборона» (водопровод и канализация в воинских частях и городках).

Указанные дефекты классификации бюджетных расходов имеют место на всей территории России. В контексте УВР РБ эти дефекты снижают степень информированности органов публичной власти при принятии решений, тем самым отрицательно влияя на качество УВР и водохозяйственным комплексом в Бурятии.

Содержание мероприятий

1. Включение в Федеральный план статистических работ (Распоряжение Правительства РФ от 06.05.2008 № 671-р) обязанности Росстата ежегодно публиковать статистический сборник о состоянии водного сектора и УВР. Указанный сборник рекомендуется составить исходя из комплексной трактовки «водного цикла», применяемой ОЭСР.

2. Утверждение Минприроды России методических рекомендаций по подготовке докладов «О состоянии и об охране окружающей среды» для субъектов РФ. Предлагается включить в методические рекомендации перечень рекомендуемых показателей, характеризующих УВР в регионах.

3. Корректировка форм статистической отчетности в водопроводно-канализационном хозяйстве и обеспечение публичности обобщенных данных о ВКХ. Рекомендуется внести в формы отчетности изменения, направленные на решение указанных проблем.

4. Утверждение и корректировка Минприроды России методических рекомендаций по классификации бюджетных расходов на УВР и управление природными ресурсами в целом. Данные рекомендации требуют периодической корректировки, так как бюджетная классификация РФ регулярно пересматривается и классификаторы разных лет характеризуются определенными различиями.

Необходимый объем затрат и фискальный эффект

Мероприятия могут быть реализованы в рамках текущей деятельности органов публичной власти, прямые затраты и непосредственное влияние на бюджетные доходы отсутствуют.

Реализация мер: уровень полномочий и связь с водной политикой Российской Федерации

Мероприятия (таблица 3.3) являются общим элементом водной политики России. Предлагаемые мероприятия реализуются федеральными органами власти в интересах пользователей данных на всей территории РФ.

Рекомендованные мероприятия могут осуществляться независимо друг от друга.

Таблица 3.3. **«Осуществимость» рекомендуемых мер и оцениваемые сроки реализации**

Наименование мероприятия	Достижимость	Сроки реализации: Исходя из содержания	Сроки реализации: Исходя из социальной и экономической приемлемости
Включение в Федеральный план статистических работ обязанности Росстата ежегодно публиковать статистический сборник о состоянии водного сектора и УВР	высокая	1-2 года	1-2 года
Утверждение Минприроды России методических рекомендаций по подготовке докладов «О состоянии и об охране окружающей среды» субъектами РФ	высокая	6 месяцев-1 год	6 месяцев-1 год
Корректировка и обеспечение публичности форм статистической отчетности в водопроводно-канализационном хозяйстве	Средняя*	6 месяцев-1 год	6 месяцев-1 год
Утверждение и корректировка Минприроды России методических рекомендаций по классификации бюджетных расходов на УВР и управление природными ресурсами в целом	высокая	6 месяцев-1 год	6 месяцев-1 год

*Указание нормативных, а не фактических потерь воды в системах ВСиВО в формах Росстата связано с некорректным учетом данного показателя при установлении тарифов на услуги предприятий ВКХ. Это снижает достижимость корректировки форм отчетности.

Источник: Собственные рекомендации и оценки авторов отчета.

Ожидаемый результат

- обеспечение системы управления водными ресурсами в России, в том числе в Республике Бурятия, более полной и доступной информацией о состоянии водного сектора и управления водными ресурсами
- обеспечение возможности проведения единого анализа расходов бюджетов бюджетной системы РФ на водный сектор и УВР.

3.4. Создание системы обязательного раскрытия информации о показателях результативности экологической деятельности в отношении объектов на БПТ

Характеристика проблемы

Важным в мировой практике инструментом контроля и обеспечения открытости деятельности организаций, осуществляющих хозяйственную деятельность, является система раскрытия экологической информации (РЭИ). Такой подход не является чем-то принципиально новым в России: так законодательством РФ установлено, чтобы организации коммунального комплекса публиковали информацию о показателях своей хозяйственной деятельности. Однако специального регулирования РЭИ на экологически значимых территориях, в частности на БПТ, в России не сформировано.

Рекомендуется использовать Байкальскую природную территорию с ее уникальной экосистемой и особым регулированием природопользования в качестве пилотной для России территории в области установления требований к раскрытию экологической информации. Как показано в Отчете #2, эти меры способны стимулировать снижение объема сбросов вредных веществ в водные объекты БПТ и существенно повысить внимание общественности к проблематике состояния экосистемы оз. Байкал.

Содержание мероприятий

1. Формирование нормативно-правовой базы и методических основ обязательного раскрытия экологической информации предприятий, расположенных на БПТ, в том числе:

- внесение изменений в Федеральный закон «Об охране озера Байкал» – положений о внедрении системы обязательного РЭИ для предприятий, расположенных на БПТ
- разработка системы рейтингов и оценки экологического статуса предприятий по группам и типам
- формирование региональной нормативно-правовой базы по обязательному раскрытию информации об экологических показателях деятельности предприятий.

Исходя из международного опыта РЭИ, можно рекомендовать примерную систему категоризации деятельности предприятий РБ, представленную в таблице 3.4.

Таблица 3.4. **Предлагаемые характеристики результативности экологической деятельности предприятий РБ**

Система «цветовой» маркировки	Экологические характеристики
Зеленая	Технология очистки, соответствующая высшим стандартам мирового уровня и наилучшим доступным технологиям (НДТ), обеспечивающая минимизацию отходов и загрязнения
Голубая	Выше уровня стандартов, предписанных экологическими требованиями, действующими в настоящее время в РФ
Белая	На уровне стандартов, предписанных экологическими требованиями, действующими в настоящее время в РФ
Красная	Ниже уровня стандартов, предписанных экологическими требованиями, действующими в настоящее время в РФ
Черная	Нанесение серьезного ущерба окружающей среде, когда действенный контроль загрязнения практически отсутствует

Источник: Разработано авторами.

При установлении требований к РЭИ следует, как использовать международный опыт, так и учесть опыт применения стандартов РЭИ, накопленный в коммунальном комплексе России. При этом рекомендуется начать с определения перечня легко контролируемых показателей, при помощи которых можно категорировать предприятия в соответствии с экологическими показателями их деятельности.

2. Реализация пилотного проекта на БПТ. Примерными этапами пилотного проекта являются:

- отбор пилотной группы предприятий и разработка для нее порядка проведения мониторинга
- сбор и оценка информации, полученной от пилотной группы предприятий
- расширение перечня предприятий, таким образом, чтобы охватить все предприятия, расположенные на БПТ
- введение системы обязательного широкого представления информации об экологическом статусе предприятий или объектов и доведения ее до общественности.

Альтернативными вариантами пилотного проекта являются его реализация на территории только РБ, либо одновременно в РБ и в Иркутской области.

3. Организация кампании по оценке результатов присуждения рейтингов предприятиям с представлением информации в СМИ и использованием системы РЭИ для выявления наиболее передовых в природоохранном отношении предприятий.

Необходимый объем затрат и фискальный эффект

В большинстве, рекомендуемые мероприятия могут быть реализованы в рамках текущей деятельности органов публичной власти, прямые затраты и непосредственное влияние на бюджетные доходы отсутствуют. Определение методологии и плана реализации мероприятия может потребовать выполнения соответствующей научно-исследовательской работы. Стоимость выполнения данной работы может составить до 10-15 млн. руб.

Реализация мер: уровень полномочий и связь с водной политикой Российской Федерации

Мероприятия пилотного проекта направлены на повышение эффективности УВР на БПТ и реализуются федеральными (первый этап – формирование правовых основ) и региональными (реализация пилотного проекта) органами власти.

В случае получения положительных результатов, данный опыт может быть распространен на другие регионы РФ, для чего потребуется принятие соответствующих решений на федеральном уровне.

Рекомендованные мероприятия зависят друг от друга и осуществляются в предложенной последовательности.

Таблица 3.5. **«Осуществимость» рекомендуемых мер и оцениваемые сроки реализации**

Наименование мероприятия	Достижимость	Сроки реализации: Исходя из содержания	Сроки реализации: Исходя из социальной и экономической приемлемости
Формирование нормативно-правовой базы и методических основ обязательного раскрытия экологической информации предприятий, расположенных на БПТ	высокая	1 год	1 год
Реализация пилотного проекта на БПТ		1 год	1 год
Организация кампании по оценке результатов присуждения рейтингов предприятиям с представлением информации в СМИ и использованием системы РЭИ для выявления наиболее передовых в природоохранном отношении предприятий		3-6 месяцев	3 6 месяцев

Источник: Собственные рекомендации и оценки авторов отчета.

Ожидаемый результат

- снижение объема сбросов вредных веществ в водные объекты
- привлечение внимания общественности к проблематике состояния экосистемы оз. Байкал, налаживание контактов с общественностью при осуществлении экологического мониторинга
- установление системы обмена информацией и данными между предприятиями-загрязнителями о показателях своей деятельности и ведения совместных работ.

3.5. Совершенствование системы мониторинга состояния экосистемы БПТ

Характеристика проблемы

В настоящее время государственный мониторинг состояния экосистемы оз. Байкал и БПТ осуществляется различными федеральными ведомствами, уполномоченными органами власти регионов, в пределах которых находится БПТ, с использованием данных, учета и контроля, проводимого соответствующими российскими федеральными службами. Проводится специальный мониторинг состояния вод акватории озера Байкал по гидрохимическим и гидро-физикохимическим показателям, ежедневный мониторинг БПТ с космических аппаратов. Измерения температуры, волнения, уровня озера Байкал производятся регулярно на метеорологических станциях и полигонах Лимнологического института Сибирского отделения РАН. Информация о состоянии воздуха и воды БПТ в режиме реального времени доступны на сайтах Федеральной службы по гидрометеорологии и мониторингу окружающей среды (Росгидромета).

По оценкам авторов настоящего отчета, существующая система мониторинга экосистемы оз. Байкал обеспечивает важнейшими данными для получения информации о состоянии экосистемы, для оперативного выявления негативных тенденций. Однако система не обеспечивает получения полной, своевременной и достоверной информации о состоянии компонентов природной среды в рамках единого информационного пространства. Система также не обеспечивает данных, необходимых для определения всех параметров настоящих рекомендаций.

В настоящее время в связи с изменениями Федерального закона «Об охране окружающей среды», разработан проект Постановления Правительства РФ «О государственном экологическом мониторинге уникальной экологической системы озера Байкал» (ГЭМ Байкала). Постановление дает системное определение объекта мониторинга и устанавливает, что мониторинг экосистемы озера Байкала будет осуществляться с учетом особого режима хозяйственной и иной деятельности, видов деятельности, запрещенных или ограниченных на БПТ, требований к водному режиму озера, требований к охране и защите флоры и фауны БПТ (включая эндемичные виды), установленных федеральным законом «Об охране озера Байкал». Постановление о ГЭМ Байкала также определяет полномочия федеральных и региональных министерств и ведомств в области экологического мониторинга БПТ и в области прогнозирования изменений экосистемы оз. Байкал под воздействием природных и (или) антропогенных факторов.

В рамках ФЦП «Охрана озера Байкал и социально-экономическое развитие Байкальской природной территории» предусмотрены мероприятия по развитию ГЭМ Байкала, в том числе модернизации государственной наблюдательной сети за состоянием окружающей среды. Реализация в полном объеме этих мероприятий позволит обеспечить получение достаточного объема достоверной и своевременной информации. Таким образом, в отношении развития ГЭМ Байкала существуют детальные наработки органов государственной власти РФ. Авторы в целом поддерживают данные наработки, настоящие рекомендации обобщают их и вносят отдельные предложения по уточнению.

Содержание мероприятий

1. Развитие нормативной правовой базы государственного экологического мониторинга Байкальской природной территории, в том числе:

- утверждение постановлением Правительства РФ Положения о государственном экологическом мониторинге уникальной экологической системы озера Байкал
- внесение изменений в Положение об осуществлении государственного мониторинга водных объектов (Постановление Правительства РФ от 10.04.2007 № 219) в части приведения его в соответствие с постановлением Правительства РФ от 09.08.2013 № 681 и расширения видов регулярных наблюдений за состоянием водных объектов
- разработка и утверждение подпрограммы государственного экологического мониторинга экологической системы озера Байкал в рамках ФЦП «Охрана озера Байкал и социально-экономическое развитие Байкальской природной территории», повысив таким образом статус мероприятий по развитию ГЭМ Байкала
- внесение изменений в Положение о Росприроднадзоре, исключив функции государственного регулирования в области государственного экологического мониторинга уникальной экологической системы озера Байкал
- внесение изменений в положения о национальных природных парках РФ и о государственных природных заповедниках в РФ в части расширения полномочий по передаче результатов ведения государственного экологического мониторинга национальными природными парками и природными заповедниками в Минприроды России.

2. Расширение и переоснащение государственной сети наблюдений за состоянием водных объектов по РБ.

Мероприятие предполагает реализацию в полном объеме мероприятий ФЦП «Охрана озера Байкал и социально-экономическое развитие Байкальской природной территории» на всей территории БПТ, в частности, в Иркутской области. Осуществление мероприятия должно включать автоматизацию наблюдений, внедрение современных средств наблюдения, включая биомаркеры, высокочувствительные биосенсоры и дистанционное зондирование с борта космических аппаратов. Также отметим важность развития геоинформационного портала «Экологический мониторинг озера Байкал».

Необходимый объем затрат и фискальный эффект

Мероприятие 1 может быть реализовано в рамках текущей деятельности органов публичной власти. Стоимость модернизации государственной сети наблюдений, по оценке, может составить 500-800 млн. руб. (экспертная оценка авторов исходя из стоимости сопоставимых объектов в РФ), наиболее вероятным источником средств является бюджет РФ.

Реализация мер: уровень полномочий и связь с водной политикой Российской Федерации

Рекомендованные мероприятия могут осуществляться независимо друг от друга. Они преимущественно направлены на повышение эффективности УВР на БПТ. Мероприятия реализуются федеральными органами государственной власти.

Таблица 3.6. **«Осуществимость» рекомендуемых мер и оцениваемые сроки реализации**

Наименование мероприятия	Достижимость	Сроки реализации: Исходя из содержания	Сроки реализации: Исходя из социальной и экономической приемлемости
Развитие нормативной правовой базы государственного экологического мониторинга Байкальской природной территории	высокая	1 год	1 год
Расширение и переоснащение государственной сети наблюдений за состоянием водных объектов по РБ	средняя	5-7 лет	5-7 лет

Источник: Собственные рекомендации и оценки авторов отчета.

Ожидаемый результат

- упорядочение нормативной основы системы государственного экологического мониторинга и контроля охраны природы, конкретизация распределения полномочий;
- обеспечение органов власти и специалистов полной, актуальной и достоверной справочной и аналитической информацией о состоянии водных объектов РБ;
- повышение доступности данных ГЭМ Байкала для широкой общественности.

Примечание

1. Специальные государственные доклады «О состоянии озера Байкал и мерах по его охране» публикуются ежегодно.

Ссылки

Правительство Российской Федерации, постановление «Об утверждении государственной программы «Охрана окружающей среды» на 2012-2020 годы» (от 15 апреля 2014 года, № 326).

Правительство Российской Федерации, постановление «О федеральной целей программе «Охрана озера Байкал и социально-экономическое развитие Байкальской природной территории на 2012-2020 годы» (от 21 августа 2012 года, № 847).

Правительство Российской Федерации, постановление «Об осуществлении государственного экологического мониторинга уникальной экологической системы озера Байкал» (ГМОС озера Байкал).

Правительство Российской Федерации, постановление № 671-п, от 6 мая 2008 года, СКИОВО бассейна озера Байкал (http://skiovo.enbvu.ru/).

Глава 4

Совершенствование инструментов устойчивого использования и сохранения водных ресурсов Бурятии

В настоящей главе представлены рекомендации по совершенствованию инструментов: (a) *содействующих устойчивому использованию водных ресурсов (плата за воду как природный ресурс); и* (b) *служат ограничению загрязнения водных ресурсов и окружающей среды из точечных и диффузных (неточечных) источников.*

Помимо традиционных экономических инструментов (платы за забор воды и платы за загрязнение), в ней рассматриваются два новаторских инструмента: (i) *установление пределов сбросов определенных опасных веществ в водные объекты и постепенное развитие рынков квот сбросов этих веществ; и* (ii) *внедрение налога на отдельные виды продукции, на которые приходится значительная доля загрязнения из диффузных источников.*

Существует два типа загрязнений водных ресурсов – точечное и диффузное (из различных диффузных источников). Методы борьбы с ними в международной практике существенно различаются (см. отчет #2). Так, налог или плата за сбросы загрязняющих веществ, традиционными направлениями использования средств от поступления которых является финансирование водоохранных мероприятий и компенсация расходов государственных структур на очистку сточных вод и охрану водных ресурсов, применяется для контроля ограниченного числа точечных источников загрязнения. Для борьбы с диффузным, то есть поступающим из многочисленных рассредоточенных источников, загрязнением, в мире применяются: квотирование (например – квоты поголовья скота на единицу площади пастбища в Нидерландах или квоты на применение азотных удобрений в Дании), налоги (акцизы) на определенные виды продукции (пестициды, моторные масла), которые вносят наибольший вклад в загрязнение, повышенные ставки платы за сверхнормативное загрязнение и др. Некоторые из этих инструментов рекомендованы для использования в РБ.

4.1. Пересмотр и внедрение ставок платы за забор воды

Характеристика проблемы[1]

Платежи за воду как ресурс осуществляются в РФ в форме платы за пользование водными объектами и в форме водного налога. Плата за забор воды и водный налог в РФ взимаются на волюметрической основе. Система платежей за воду используется только в качестве источника пополнения бюджетной системы (прежде всего, федерального бюджета) и не выполняет функцию регулирования потребления воды. Установление структуры платежей и величины ставок полностью осуществляется федеральными органами власти.

Ставки водного налога и платы за пользование водными объектами, находящимися в бассейне оз. Байкал, являются наиболее высокими из ставок, действующих в отношении всех водных объектов РФ. Повышенные значения ставок не отражают сравнительной редкости воды как ресурса в РБ. В более широком плане не соответствует лучшим международным практикам то, что данные платежи не используются в качестве инструмента регулирования объема и структуры потребления воды, а ставки платежей не связаны с объемом затрат на содержание водной инфраструктуры. Кроме того, при установлении ставок федеральными, а не региональными, органами власти, не всегда учитывается реальная платежеспособность плательщиков налога и трудно определить фактически применяемые ставки в регионе (см. отчет #1).

В настоящее время, подготовлен проект внесений изменений в Налоговый кодекс РФ и проект Постановления Правительства РФ[2], предусматривающий повышение ставок платы за воду более чем в три раза. При этом сохраняется наиболее высокая плата для оз. Байкал, рек и озер его бассейна. Повышение ставок существенно ухудшит экономическое положение плательщиков, прежде всего, Гусиноозерской тепловой станции, которая снабжает Бурятию электрической энергией, а также является градообразующим предприятием и источником теплового снабжения города Гусиноозерск (численность населения – 23,8 тыс. человек).

Содержание мероприятий

1. Приравнивание ставок платежей за забор воды из водных объектов в Республике Бурятия к средним по бассейнам рек Восточной Сибири.

В настоящее время ставки по бассейнам рек Восточной Сибири находятся в интервале от 246 до 348 рублей за 1 тыс. куб. м забранной воды, по рекам и озерам бассейна озера Байкал – 576 рублей. После повышения ставок при одновременном изменении категории ставок водных объектов бассейна оз. Байкал ставки платежей должны составить 600-700 рублей за 1 тыс. куб. м забранной воды (при повышении ставок и без изменения категории – около 1483 рубля за 1 тыс. куб. м, согласно проекту постановления Правительства РФ).

2. Установление в Налоговом кодексе РФ и в Постановлении Правительства РФ от 30.12.2006 № 876 «О ставках платы за пользование водными объектами, находящимися в федеральной собственности» права органов государственной власти субъектов РФ устанавливать повышающие коэффициенты при определении ставок платы за воду для плательщиков, использующих определенные технологий извлечения и использования воды. Предполагается, что, используя данное право, региональные органы власти смогут установить отсроченные повышающие коэффициенты в отношении платы за извлечение воды, которые вступят в силу, если предприятие не изменит устаревшую водоемкую технологию на более эффективную к установленной дате.

Мероприятие рекомендовано исходя из международной практики, в которой данная схема используется достаточно часто (см. отчет #2). Например, предприятия водоемких отраслей промышленности (такие как целлюлозно-бумажные комбинаты и кожевенные заводы), использующие наилучшие доступные технологии (НДТ) и (или) имеющие системы оборотного водоснабжения, платят за воду по более низкой ставке, тогда как предприятия, имеющие показатели удельного расхода воды на тонну выпускаемой продукции существенно выше среднеотраслевых, платят по более высокой ставке.

Необходимый объем затрат и фискальный эффект

Отсутствие роста доходов федерального бюджета, который бы имел место в случае увеличения до 1483 руб. за 1 тыс. куб. м. Объем выпадающих доходов бюджета РФ оценивается в 250-300 млн. руб. ежегодно. Оценка эффекта от реализации мероприятия может быть произведена только после принятия решения о параметрах изменения системы налогообложения.

Реализация мер: уровень полномочий и связь с водной политикой Российской Федерации

Для реализации мер, очерченных в таблице 4.1, должны быть предприняты действия федеральными органами власти. Мероприятие 1 направлено на повышение эффективности УВР на БПТ. Мероприятие 2 является общим элементом водной политики России. Рекомендованные мероприятия могут осуществляться независимо друг от друга.

Таблица 4.1. **«Осуществимость» рекомендуемых мер и оцениваемые сроки реализации**

Наименование мероприятия	Достижимость	Сроки реализации	
		Исходя из содержания	Исходя из социальной и экономической приемлемости
Приравнивание в Республике Бурятия ставки платежей за забор воды из водных объектов к средним по бассейнам рек Восточной Сибири	средняя	6 месяцев-1 год	6 месяцев-1 год
Установление права органов государственной власти субъектов РФ устанавливать повышающие коэффициенты при определении ставок платы за воду для плательщиков, использующих определенные технологий извлечения и использования воды	низкая	1 год	2-3 года

Источник: Собственные рекомендации и оценки авторов отчета.

Ожидаемый результат

- установление ставок платежей за забор воды из водных объектов Республики Бурятия на уровне 600-700 рублей за 1 тыс. куб. м забранной воды после повышения ставок
- стимулирование применения более эффективных и более экологичных («зеленых») технологий использования водных ресурсов промышленными потребителями, самостоятельно извлекающими воду, и предприятиями ВКХ.

4.2. Совершенствование процедур взимания и взыскания платы за загрязнение (платы за негативное воздействие на окружающую среду)

Характеристика проблемы

Плата за сброс загрязняющих веществ в водные объекты является элементом экономического механизма природопользования в РФ, в том числе на БПТ, и призвана стимулировать экономическую ответственность за сокращение сбросов загрязняющих веществ в водные объекты. Плата взимается федеральными органами по базовым нормативам платы, утвержденным Постановлением Правительства РФ от 12.06.2003 № 344 (в редакции от 24.12.2014) за сброс 1 тонны загрязняющих веществ в пределах установленных нормативов допустимых сбросов (НДС) и в пределах установленных лимитов сбросов (временно согласованных сбросов). Соблюдение НДС, разработанных с учетом нормативов допустимого воздействия на водные объекты (НДВ) для оз. Байкал и рек его водосборного бассейна, на БПТ сегодня практически невозможно при технических возможностях действующих очистных сооружений. Также имеет место проблема недостаточной координации деятельности органов власти и организаций при внедрении НДТ.

При расчете размера платы за негативное влияние на окружающую среду на БПТ применяется единый дополнительный повышающий коэффициент 2. Данный коэффициент не учитывает разный уровень экологической значимости территорий применения (см. Отчет #1). Предполагалось, что коэффициент стимулирует снижение сбросов на БПТ   территории особого экологического значения. Однако наиболее серьезные точечные загрязнители, являясь коммунальными организациями, осуществляют свою деятельность по регулируемым тарифам и не имеют возможности инвестировать в очистные сооружения без привлечения бюджетных средств. Таким образом, установление ставок платы на федеральном уровне не позволяет учесть специфику РБ при стимулировании загрязнителей снижать сбросы, в частности их экономические возможности.

Существуют отдельные дефекты системы регулирования платы за негативное воздействие, а именно: отсутствует плата за воздействие путем изменения гидрологического режима при использовании водных объектов для производства электроэнергии, не утверждены нормативы сброса в централизованные системы водоотведения.

Содержание мероприятий

1. Создание Межведомственного совета по координации деятельности на БПТ по внедрению наилучших доступных технологий и достижению НДС — возможно, в рамках межведомственной комиссии по Байкалу с привлечением специалистов: технологов, гидрологов, гидробиологов, химиков и пр.

2. Внесение изменений в нормативные акты, позволяющих установить дифференцированную плату по экологическим зонам с учетом вида загрязняющих веществ и микроорганизмов, вместо единого коэффициента 2 для всей БПТ.

Предлагаемые изменения включают изменения в постановление Правительства РФ от 12.06.2003 № 344 и в Методику разработки нормативов допустимых сбросов веществ и микроорганизмов в водные объекты для водопользователей, утвержденную приказом Минприроды России от 17.12.2007 № 333. Рекомендуется ввести на БПТ дополнительные коэффициенты к базовым ставкам платы за сброс загрязняющих веществ, дифференцированные по экологическим зонам и с учетом экологической емкости территорий, определяемой по результатам научных исследований.

3. Дополнение перечня нормируемых видов допустимых воздействий на водные объекты таким видом воздействия, как **изменение гидрологического режима** при использовании водных объектов для производства электроэнергии. Мероприятие реализуется путем внесения изменений в Методические указания по разработке нормативов допустимого воздействия на водные объекты, утвержденные Приказом Минприроды России от 12.12.2007 № 328.

4. Пересмотр нормативов предельно допустимого сброса для централизованных систем водоотведения и их абонентов на основе обоснования достижимости данных нормативов на БПТ.

Необходимый объем затрат и фискальный эффект

Мероприятия 1 и 3, представленные в таблице 4.2, могут быть реализованы в рамках текущей деятельности Минприроды России. Прямые затраты и непосредственное влияние на бюджетные доходы отсутствуют. Ориентировочная стоимость научно-исследовательских работ по дифференциации по экологическим зонам и экологической емкости территорий (мероприятие 2) может составить до 50 млн. руб. Ориентировочная стоимость научно-исследовательских работ в рамках мероприятия 4 может составить 20-30 млн. руб.

Реализация мер: уровень полномочий и связь с водной политикой Российской Федерации

Мероприятие 1 реализуется органами власти РБ. Рекомендуется создать Межведомственный совет по координации деятельности на БПТ, который будет осуществлять надзор за внедрением НДТ и обеспечивать соблюдение НДС. Мероприятия 2-4 реализуются федеральными органами государственной власти. Мероприятие 3 является общим элементом водной политики России, а мероприятие 2 и мероприятие 4 направлены на повышение эффективности УВР на БПТ.

Рекомендованные мероприятия могут осуществляться независимо друг от друга.

Таблица 4.2. **«Осуществимость» рекомендуемых мер и оцениваемые сроки реализации**

Наименование мероприятия	Достижимость	Сроки реализации: Исходя из содержания	Сроки реализации: Исходя из социальной и экономической приемлемости
Создание Межведомственного совета по координации деятельности по внедрению НДТ и достижению НДС на БПТ	высокая	1 год	1 год
Внесение изменений в нормативные акты, позволяющих установить на БПТ дифференцированную плату по экологическим зонам с учетом вида загрязняющих веществ и микроорганизмов	низкая	5-6 лет	5-6 лет
Дополнение перечня видов допустимых воздействий на водные объекты таким видом воздействия, как изменение гидрологического режима при использовании водных объектов для производства электроэнергии	средняя	3-5 лет	3-5 лет
Пересмотр нормативов предельно допустимого сброса для централизованных систем водоотведения и их абонентов на основе научного обоснования достижимости данных нормативов на БПТ	низкая	3-5 лет	5-7 лет

Источник: Собственные рекомендации и оценки авторов отчета.

Ожидаемый результат

- разработка НДС с учетом НДТ и технических возможностей производств
- практические рекомендации по внедрению НДТ у основных загрязнителей на БПТ, в том числе для очистных сооружений
- совершенствование механизма взимания платежей на негативное воздействие на окружающую среду и, в результате, снижение объемов сбросов в центральной экологической зоне (ЦЭЗ) через поэтапное внедрение наилучших доступных технологий и соблюдения НДС.

4.3. Установление пределов сбросов определенных опасных веществ в водные объекты и постепенное развитие рынков квот сбросов этих веществ

Характеристика проблемы

Как было показано в ходе выполнения предыдущих этапов работы, в РБ отмечен недостаточный уровень стимулирования загрязнителей к сокращению сбросов загрязняющих веществ в водные объекты и реализации соответствующих природоохранных мероприятий. Исходя из этого, предложено установить в РБ суммарные суточные лимиты по массе сбросов определенных вредных веществ в водные объекты, в перспективе с разрешением предприятиям, систематически укладывающимся в лимиты, передавать (в том числе возмездно) третьим лицам права на недоиспользованные объемы сброса соответствующих веществ (см. отчет #1).

Предлагаемое мероприятие основано на международном опыте. В основе торговли квотами на загрязнение лежит создание рынка **прав на загрязнение (квот).** Такой рынок обеспечивает ситуацию, когда снижение уровня загрязнения происходит за счет тех предприятий, чьи затраты на снижение дополнительной единицы сбросов оказываются наименьшими. Система торговли разрешениями на сбросы представляет собой универсальный и гибкий инструмент, более лояльный по отношению к загрязнителям, чем административные запреты и стандарты (нормативы) и штрафные ставки платежей за сверхнормативные сбросы. Потенциально это обеспечивает снижение уровня загрязнения окружающей среды с меньшими издержками для общества, чем при действующей в РФ системе взимания платы и штрафов за сбросы.

Рынки торговли разрешениями (квотами) на сбросы загрязняющих веществ, как правило, регулируются особым законодательством, устанавливающим права собственности на эти разрешения, определяющим механизмы торговли, а также определяющим структуры, ответственные за управление и мониторинг торговли разрешениями (см. отчет #2).

Практика использования рынков торговли квотами в современной системе регулирования природопользования и охраны природных ресурсов РФ практически отсутствует, в связи с этим ее внедрение будет сопряжено с серьезными административными усилиями. Кроме того, данная система до ее практической проверки может вызвать опасения в контексте значения экосистемы БПТ. Поэтому на первом (пилотном) этапе механизм рекомендуется использовать ограниченно: предприятиям, систематически укладывающимся в лимиты на сбросы, может быть разрешено передавать за плату третьим лицам права на недоиспользованные объемы сброса соответствующих загрязняющих веществ. На первом этапе при апробации инструмент можно использовать только в отношении отдельных загрязняющих веществ (БПК, ХПК, азот полный и аммонийный, фосфор, жиры и нефтепродукты, тяжелые металлы и т.п.) и по отдельным водным объектам.

Содержание мероприятий

1. Внесение в акты федерального природоохранного законодательства положений об установлении лимитов (в том числе суточных) по массе сбросов в водные объекты определенных химических веществ, таких как БПК, ХПК, фосфор, азот и др.

2. Установление в федеральном законодательстве положений, обеспечивающих возможность установления системы торговли разрешениями (квотами) на сбросы загрязняющих данных веществ, и о реализации пилотного проекта в РБ.

Указанные положения рекомендуется установить применительно к БПТ, в качестве пилотного региона. В качестве органа, отвечающего за выдачу разрешений (квот), следует определить орган государственной власти РБ (например, Министерство природных ресурсов РБ).

3. Реализация в РБ пилотного проекта по установлению лимитов сбросов загрязняющих веществ и постепенному развитию рынка квот. Этапами реализации мероприятия являются:

- разработка и утверждение методики определения объемов предельно допустимого суммарного суточного сброса ключевых загрязняющих веществ для всех хозяйствующих субъектов, расположенных на выбранных водотоках (на первом этапе рекомендуется определить реку Селенга с притоками)
- организационное и технологическое обеспечение системы мониторинга и учета сбросов, и торговли разрешениями в соответствии с регламентирующими федеральными документами
- практическое внедрение системы мониторинга и рынка квот на сбросы.

Одним из важных аспектов в этой связи является необходимость устойчивого сочетания и взаимодействия двух экономических инструментов — (1) квот сбросов и механизма торговли ими и (2) платежей за загрязнение (платежей за негативное воздействие на окружающую среду) — во избежание двойного обложения. В каждом случае предприятие как экономический агент будет выбирать, что для него целесообразнее и выгоднее — платить штрафные ставки за сверхнормативные сбросы или приобрести соответствующую квоту (в объеме сверхнормативных сбросов конкретных загрязняющих веществ), не использованную другими экономическими агентами. Как показывает международный опыт, устойчивое сочетание этих двух экономических инструментов может дать значительные позитивные результаты.

Не менее важна для эффективности и действенности вышеуказанных инструментов необходимость внедрения соответствующей системы мониторинга и учета выбросов (сбросов) и система соблюдения требований и контроля за их соблюдением. Эти системы должны быть достаточно жесткими, с тем чтобы они не позволяли предприятиям (загрязнителям) обходить нормативно-правовой акт и нарушать свои обязательства.

Необходимый объем затрат и фискальный эффект

Стоимость подготовительных работ предварительно можно оценить в 20-30 млн. руб. Данные средства необходимы для разработки методики определения объемов предельно допустимого суммарного суточного воздействия и для обеспечения администрирования. Объем финансирования определен исходя из того, что при оценке предельно допустимого уровня воздействия будут использованы результаты работ по исследованию влияния различных видов деятельности на состояние биосферы БПТ. Кроме того, указанный объем средств не включает стоимость технологического обеспечения системы мониторинга и создания и регулирования рынка квот. Для оценки соответствующих затрат необходимо провести специальное исследование.

Наиболее вероятным источником средств является бюджет РФ. Непосредственное влияние на доходы бюджетной системы отсутствует.

Реализация мер: уровень полномочий и связь с водной политикой Российской Федерации

Мероприятия направлены на повышение эффективности УВР на БПТ или в РФ в целом в зависимости от масштаба их осуществления. Для мер, очерченных в таблице 4.3, должны быть предприняты совместные действия федеральными органами власти и органами власти субъекта федерации. Вышеуказанные меры, как представляется, взаимосвязаны и поэтому должны быть реализованы в порядке, рекомендованном выше.

Таблица 4.3. **«Осуществимость» рекомендуемых мер и оцениваемые сроки реализации**

Наименование мероприятия	Достижимость	Сроки реализации	
		Исходя из содержания	Исходя из социальной и экономической приемлемости
Внесение в акты федерального природоохранного законодательства положений об установлении по массе сбросов определенных химических веществ в водные объекты	средняя	6 месяцев-1 год	6 месяцев-1 год
Установление в федеральном законодательстве положений, обеспечивающих возможность установления системы торговли разрешениями (квотами) на сбросы загрязняющих данных веществ, и возможность реализации пилотного проекта в РБ	низкая	6 месяцев-1 год	6 месяцев-1 год
Реализация в РБ пилотного проекта по установлению лимитов сбросов загрязняющих веществ и постепенному развитию рынка квот		2-3 года	2-3 года

Источник: Собственные рекомендации и оценки авторов отчета.

Ожидаемый результат

- установление суточных лимитов сброса определенных загрязняющих веществ в водные объекты на БПТ
- пилотное внедрение системы разрешений и создание рынка квот на торговлю сбросами загрязняющих веществ в РБ и, в перспективе, распространение данного опыта на другие регионы России.

4.4. Введение сбора за (или налога на) токсичные сельскохозяйственные химикаты (пестициды, гербициды и др.) и синтетические моющие средства

Характеристика проблемы

Применение пестицидов и гербицидов и прочих агрохимикатов является необходимым условием получения стабильных урожаев сельскохозяйственных культур. Вместе с тем, систематическое использование стойких высокотоксичных пестицидов, особенно в чрезмерном количестве, отрицательно влияет на экосистемы и здоровье человека и животных. Также доказано негативное воздействие на водные ресурсы синтетических моющих средств. В их состав входят поверхностно-активные вещества, а также фосфорсодержащие вещества. На БПТ в связи с необходимостью охраны экосистемы оз. Байкал это имеет особое значение.

В России применение пестицидов осуществляется на основании «Государственного каталога пестицидов и агрохимикатов, разрешенных к применению на территории Российской Федерации», который устанавливает перечень разрешенных для применения пестицидов и гербицидов. В целом, российские ограничения в данной области существенно мягче рекомендаций Всемирной организации здравоохранения (ВОЗ).

На БПТ специальные ограничения на применение токсичных сельскохозяйственных химикатов установлены только в центральной экологической зоне. В отношении синтетических моющих средств какие-либо ограничения полностью отсутствуют. По итогам проведенных в ходе реализации проекта экспертных обсуждений была отмечена целесообразность ужесточения практики применения указанных веществ на БПТ. В частности, по данным экологов РБ, фосфорсодержащие синтетические моющие средства приводят к гибели губок, очищающих воду оз. Байкал. Вместе с тем негативное воздействие, оказываемое агрохимикатами и синтетическими моющими средствами на качество водных ресурсов, по-прежнему требует дальнейших исследований. Международный опыт показывает, что эффективным и широко применяемым механизмом регулирования применения токсичных пестицидов, гербицидов и других агрохимикатов, а также синтетических моющих средств может служить введение сбора (налога) на них (см. отчет #2). Поскольку на территории РФ такие сборы (налоги) не используются, Бурятия может выступить в качестве пилотной территории для отработки соответствующего подхода.

Содержание мероприятий

1. Анализ влияния на экосистему БПТ сельскохозяйственных химикатов и синтетических моющих средств, оценка целесообразности запрета их применения или снижения интенсивности использования с помощью сборов (налогов).

На первом этапе требуется составить перечень наиболее токсичных и опасных для окружающей среды, биоразнообразия и здоровья людей сельскохозяйственных химикатов (пестицидов, гербицидов и др.). В качестве основы данного перечня целесообразно использовать классификатор ВОЗ.

Необходимо также проведение научных исследований, выявляющих влияние сельскохозяйственных химикатов и синтетических моющих средств на оз. Байкал во взаимосвязи с исследованиями, оценивающими антропогенное влияние на БПТ. При этом оценка целесообразности запрета применения или снижения интенсивности использования тех или иных агрохимикатов должна производиться с учетом влияния на сельское хозяйство.

По итогам исследований будут составлены два перечня. В одном будут перечислены вещества, полностью запрещенные к применению на БПТ, а в другом — вещества, использование которых облагается специальным сбором (налогом); в этих перечнях будут указаны соответствующие ставки сборов (налогов). Ставки сбора (налога) должны быть дифференцированы в зависимости от степени опасности (токсичности) и влияния веществ на состояние окружающей среды, экосистемы и здоровье населения.

2. Установление запретов на применение наиболее токсичных сельскохозяйственных химикатов, и сборов (налогов) на разрешенные к применению агрохимикаты и синтетические моющие средства, в том числе:

- установление в федеральном законодательстве (Федеральный закон «Об охране озера Байкал», Налоговый кодекс РФ и другие законодательные акты) норм о запрете использования вышеуказанных наиболее опасных веществ, и о сборах (налогах) на синтетические моющие средства и разрешенные виды сельскохозяйственных химикатов
- правое и организационное обеспечение сборов (налогов) и контроля соблюдения запретов региональными органами власти.

Требует специальной *проработки механизма и масштаба внедрения рекомендуемых сборов (налогов).* Альтернативными вариантами являются:

- взимание при продаже или при использовании
- внедрение на территории БПТ (в РБ, либо одновременно в РБ и в Иркутской области) или на территории РФ в целом.

В отношении синтетических моющих веществ можно рекомендовать взимать налог при продаже этой продукции, вне зависимости от масштаба применения. В случае применения данного механизма только на БПТ, внедряется специальный региональный сбор (налог). При применении на федеральном уровне следует говорить об акцизе (и эквивалентной ввозной пошлине).

В отношении пестицидов, гербицидов и других агрохимикатов, в случае общероссийского внедрения инструмента, сбор (налог) может взиматься как при производстве и ввозе (импорте) в РФ облагаемых видов продукции, так и при их продаже на территории РФ (в форме акциза и эквивалентной экспортной пошлины). Гораздо более сложной представляется организация пилотного проекта на территории только БПТ. С одной стороны, взимание налога при продаже серьезно упрощает администрирование. С другой стороны, связано с риском массового уклонения от уплаты налога путем приобретения химикатов за пределами БПТ. Взимание же налога с юридических лиц, использующих агрохимикаты на территории РБ, будет намного сложнее и затратнее в администрировании, а в отношении физических лиц – это почти нереально.

Необходимый объем затрат и фискальный эффект

Мероприятия могут быть реализованы в рамках текущей деятельности органов публичной власти. Введение сбора (налога) на агрохимикаты со ставками, дифференцированными в зависимости от класса токсичности облагаемой продукции, может оказать заметное воздействие на сельское хозяйство в регионе применения инструмента. Соответствующие оценки воздействия, а также оценки потенциального объема поступлений, требуют специального анализа, выходящего за рамки настоящей работы.

Реализация мер: уровень полномочий и связь с водной политикой Российской Федерации

В зависимости от решения о масштабе реализации, мероприятия могут быть направлены на повышение эффективности УВР на БПТ, либо РФ в целом. Мероприятия, очерченные в таблице 4.4, реализуются федеральными и региональными органами власти.

Таблица 4.4. **«Осуществимость» рекомендуемых мер и оцениваемые сроки реализации**

Наименование мероприятия	Достижимость	Сроки реализации	
		Исходя из содержания	Исходя из социальной и экономической приемлемости
Анализ влияния на экосистему БПТ сельскохозяйственных химикатов и синтетических моющих средств, оценка целесообразности введения запретов и сборов (налога) или снижения интенсивности их использования.	низкая	6 месяцев-1 год	6 месяцев-1 год
Установление запретов на применение наиболее токсичных сельскохозяйственных химикатов и сборов (налога) на разрешенные к применению агрохимикаты и на синтетические моющие средства		1-2 года	3-4 года

Источник: Собственные рекомендации и оценки авторов отчета.

Указанные мероприятия зависят друг от друга и осуществляются в рекомендованной последовательности.

Ожидаемый результат

- снижение объемов использования и обращения пестицидов и гербицидов и синтетических моющих средств в РБ, и (или) в РФ в целом;
- снижение объемов диффузного загрязнения водных ресурсов РБ (или РФ в целом) токсичными агрохимикатами, поверхностно-активными веществами и фосфорсодержащими веществами.

4.5. Модернизация системы управления отходами на БПТ и содействие безопасному управлению экологически вредной продукцией и отходами

Характеристика проблемы

Серьезной проблемой экосистемы РБ, в том числе, с точки зрения негативного влияния на водные ресурсы, является проблема обращения с коммунальными отходами, включая твердые и жидкие бытовые отходы. Проблему определяют следующие факторы:

- Существующая в РБ система сбора, вывоза и безопасного размещения коммунальных отходов из центральной экологической зоны БПТ не в полной мере обеспечивает защиту водных объектов от диффузного загрязнения, а прибрежных зон и поверхностных водных объектов от загрязнения мусором.
- Отсутствие экономической мотивации и административного принуждения к соблюдению закона и правил приводит к загрязнению водных ресурсов (фильтратом со свалок, образованию стихийных свалок, замусориванию прибрежных территорий).
- На территории РБ фактически отсутствует система вторичной переработки бытовых и производственных отходов, что приводит к отвлечению значительных территорий РБ под полигоны для размещения твердых бытовых отходов.

- Мощность существующей инфраструктуры сбора и использования отработанных моторных масел, подсланевых вод с судов не отвечает масштабу судоходства на озере Байкал.
- Действующая практика использования штрафов за нарушение водного и природоохранного законодательства свидетельствует о недостаточности системы административного обеспечения его соблюдения.
- Органы местного самоуправления, на которые возложены полномочия по решению задач обращения с отходами, не справляются с ними из-за нехватки финансовых средств.

Данная проблема особенно актуальна в связи с тем, что осуществляемое региональными органами государственной власти РБ развитие туризма предполагает увеличение антропогенной нагрузки на регион, особенно на БПТ, в том числе, увеличение забора воды, объемов сброса сточных вод в водные объекты. Засорение территорий твердыми бытовыми и жидкими отходами может ухудшить экологическую ситуацию в БПТ.

Еще одной острой проблемой в РБ является ненадлежащее управление экологически вредными отходами потребления. В регионе отсутствует система раздельного сбора таких отходов (в том числе отработанные ртутные и люминесцентные лампы, аккумуляторы, элементы питания (батарейки), оборудование и оргтехника (холодильники, кондиционеры, и т.д.)), в результате чего опасные отходы попадают в бытовые отходы, смешиваются с ними, а содержащиеся в них вредные вещества попадают в окружающую среду, в том числе, в водные объекты.

Содержание мероприятий

По мнению авторов, экологически устойчивое развитие РБ должно включать формирование системы переработки и вторичного использования отходов на территории РБ. Данная система должна решать следующие задачи:

- минимизация образования отходов
- рециклинг или повторное использование отходов[3] (в соответствии с разработанной ОЭСР концепцией **3R** – аббревиатура от *англ.* reduce, re-use, recycle – сокращение, повторное использование, рециклинг)
- размещение производств по переработке отходов потребления товаров (продукции), содержащих вредные вещества, за пределами ЦЭЗ, и за пределами БПТ в случае целесообразности
- безопасная переработка, утилизация, размещение, захоронение отходов, особенно опасных, которые могут причинить ущерб окружающей среде
- оптимизация материально-технического обеспечения, транспортировки и обработки отходов
- реабилитация окружающей среды, подвергшейся загрязнению отходами.

Для реализации поставленных задач рекомендуется реализовать следующие мероприятия.

1. Централизация полномочий в области обращения с отходами на уровне регионов России. Данное мероприятие реализуется путем внесения изменений в

федеральное законодательство об обращении с отходами и о полномочиях органов публичной власти, а также путем принятия соответствующих подзаконных актов.

2. Формирование правовых основ управления отходами и размещения объектов по переработке отходов, содержащих вредные вещества, в РБ, в том числе:

- принятие законодательной базы создания системы управления отходами и размещения объектов по переработке отходов, содержащих вредные вещества, на территории РБ
- утверждение концепции и региональной схемы управления отходами и размещения объектов по переработке отходов, содержащих вредные вещества, исходя из принципов расположения данных объектов за пределами ЦЭЗ, и за пределами БПТ в случае целесообразности и обеспечения разумной транспортной доступности от мест сбора до мест переработки и размещения экологически вредных отходов потребления.

3. Создание регионального оператора управления коммунальными отходами. Рекомендуется наделить его полномочиями по организации на всей территории РБ: сбора, вывоза, утилизации твердых и жидких отходов всех классов опасности, включая отходы, содержащих вредные вещества; раздельного сбора отходов, которые могут использоваться повторно или подлежат рециклингу; ликвидации и рекультивации существующих свалок, мест скопления отходов на территории БПТ.

4. Реализация комплекса мер по очистке территорий РБ, прежде всего, центральной экологической зоны БПТ, закрытию и рекультивации мест размещения (утилизации) коммунальных отходов, не отвечающих экологическим требованиям.

5. Формирование правовых и экономических условий для повторного использования и рециклинга отходов, в том числе, путем представления земельных участков под строительство производств по переработке (рециклингу) отходов, участия РБ в организациях, осуществляющих переработку отходов, представление государственных гарантий для привлечения заемных средств. Ключевую роль в организации рециклинга играет тесное взаимодействие государства и бизнеса, направленное на улучшение экологической обстановки без ущерба экономическому развитию территории.

6. Ужесточение контроля и ответственности за соблюдение санитарных и экологических требований на территории БПТ, в том числе увеличение размеров санкций за нарушения (внесение изменений в Кодекс РФ об административных правонарушениях) и увеличение штата инспекторов.

Необходимый объем затрат и фискальный эффект

Стоимость выполнения работ, указанных в мероприятиях 4 и 5, предварительно можно оценить в 1100 млн. руб. (экспертная оценка исходя из стоимости сопоставимых объектов в РФ). Средства частных инвесторов направляются, прежде всего, в создание объектов инфраструктуры переработки экологически вредных отходов, в то время, как бюджетные средства – в создание полигонов, закрытие и рекультивацию мест размещения (утилизации) коммунальных отходов, не отвечающих экологическим требованиям, очистку замусоренных территорий. Бюджетное финансирование мероприятий предлагается распределить между органами власти и целевым фондом поддержки БПТ, в случае его создания (см. раздел 5.5).

Мероприятия 1 и 2 могут быть реализованы в рамках текущей деятельности органов публичной власти. Оценка расходов на реализацию мероприятий 3 (создание регионального оператора) и 6 (в части увеличения штата инспекторов) требует специального исследования.

Реализация мер: уровень полномочий и связь с водной политикой Российской Федерации

Мероприятия 1 и 6 реализуются федеральными органами государственной власти, мероприятия 2-5 — региональными органами власти (см. таблицу 4.5).

Мероприятие 1 затрагивает всю территорию РФ. Прочие мероприятия направлены на повышение эффективности УВР и управлением экосистемой оз. Байкал в целом.

Мероприятия 1-3 зависят друг от друга и осуществляются в рекомендованной последовательности. Мероприятия 4-6 могут осуществляться независимо друг от друга.

Таблица 4.5. **«Осуществимость» рекомендуемых мер и оцениваемые сроки реализации**

Наименование мероприятия	Достижимость	Сроки реализации	
		Исходя из содержания	Исходя из социальной и экономической приемлемости
Централизация полномочий в области обращения с отходами на уровне регионов России (субъектов федерции)	высокая	6 месяцев	6 месяцев
Формирование правовых рамок управления отходами и размещения объектов по переработке отходов, содержащих вредные вещества, в РБ		1 год	1 год
Создание регионального оператора управления коммунальными отходами и наделение его полномочиями по организации на всей территории РБ		6 месяцев	6 месяцев
Реализация комплекса мер по очистке территорий РБ, прежде всего, центральной экологической зоны БПТ, закрытию и рекультивации мест размещения (утилизации) коммунальных отходов, не отвечающих экологическим требованиям	низкая	1-2 года	5-6 лет
Формирование правовых и экономических условий для повторного использования и рециклинга отходов	низкая	1-2 года	3-4 года
Ужесточить контроль и ответственность за соблюдение санитарных и экологических требований на территории БПТ	средняя	1-2 года	1-2 года

Источник: Собственные рекомендации и оценки авторов отчета.

Ожидаемый результат

В краткосрочной перспективе:

- создание единого оператора, ответственного за организацию сбора и вывоза коммунальных отходов на БПТ, и их безопасное размещение или утилизацию
- снижение уровня замусоренности территорий БПТ, ликвидация свалок
- создание системы безопасной переработки экологически вредных отходов потребления, обеспечивающей минимальное влияние на экологию РБ.

В среднесрочной перспективе:

- закрытие и рекультивация мест размещения (утилизации) коммунальных отходов, не отвечающих экологическим требованиям
- налаживание раздельного сбора и переработки отходов, включая отходы повышенного класса опасности и ценные фракции бытовых отходов
- организация вторичного использования отдельных видов опасных отходов
- создание устойчивой системы мотивации соблюдения санитарных и экологических требований на территории БПТ.

Примечания

1. Подробнее см. в разделах 1.4 и 3.0 отчета #1, подготовленного по проекту, и отчете 2013 года.
2. См. новое Постановление Правительства РФ № 1509 от 26 декабря 2014 года «О ставках платы за пользование водными объектами, находящимися в федеральной собственности, и изменениях и дополнениях в раздел 1, о ставках платы за пользование водными объектами, находящимися в федеральной собственности».
3. Повторно используемые стеклянные и пластиковые бутылки (емкости), восстановленные отработанные моторные масла или их использование для отопления общественных и коммерческих объектов, и использование извлекаемых материалов, произведенных в результате рециклинга ценных фракций промышленных и бытовых отходов — стекла, пластмассы, металла, бумаги и картона и т.д.

Ссылки

Правительство Российской Федерации, Постановление «О федеральной целей программе «Охрана озера Байкал и социально-экономическое развитие Байкальской природной территории на 2012-2020 годы» (от 21 августа 2012 года, № 847).

Правительство Российской Федерации, Постановление от 12 июня 2003 года № 344.

Глава 5

Инструменты повышения капитализации Байкальской природной территории

В настоящей главе представлены рекомендации о способах применения экономических инструментов сохранения экосистемы и повышения капитализации Байкальской природной территории (БПТ) при осуществлении экономической деятельности в ее пределах. Рекомендуется следующее:

– отмена или смягчение административных запретов на некоторые виды деятельности, а также более широкое применение экономических инструментов управления экономической деятельностью в центральной экологической зоне БПТ;

– внедрение платы за экосистменые услуги;

– оказание государственной поддержки эколого-ориентированной деятельности для повышения капитализации БПТ; и

– перераспределение гидроэнергетической ренты, извлекаемой каскадом гидроэлектростанций на реке Ангара, и внедрение механизма компенсации ущерба, наносимого экосистеме озера Байкал и экономике прибрежных районов эксплуатацией станций.

В данном отчете капитализация БПТ понимается как преобразование природных ресурсов (в частности, водных ресурсов и биоразнообразия), экосистемных услуг и эстетической ценности природы и ландшафтов, расположенных на БПТ, в хозяйственные активы, способные приносить доход и прочие экономические выгоды, и присвоение денежной стоимости активам, экономической деятельности и предприятиям, осуществляющим деятельность на территории БПТ. Она может присваиваться рынком (если таковой существует) или путем специальной стоимостной оценки квалифицированными экспертами.

Оценка экономической и денежной стоимости природного капитала является важным предварительным условием устойчивого использования природных ресурсов и их надежного регулирования и управления ими. В связи с этим задача состоит в том, чтобы определить соответствующие качественные показатели для оценки природных ресурсов (природного капитала) аналогично другим компонентам национального богатства. Это дает возможность определить соответствующим образом пул нефинансовых активов в системе национальных счетов (СНС). В этой связи интеграция природных ресурсов в пул хозяйственных активов страны означает, что эти ресурсы считаются природным капиталом.

Для обеспечения устойчивого использования природных ресурсов необходимо включить экосистемные услуги и природные ресурсы в систему эколого-экономического учета. Иногда проведение такой экономической и денежной оценки весьма затруднительно. Тем не менее, в случае Республики Бурятия соответствующая оценка природного капитала БПТ предполагает оценку его фактического экономического значения. Определение фактической экономической и денежной стоимости природных ресурсов и способов ее повышения обеспечивает повышение капитализации территории, на которой расположены эти активы. Это также служит стимулом к ее дальнейшему экономическому развитию.

До недавнего времени соответствующая стоимостная оценка природного капитала и оценка экономической и денежной стоимости природных ресурсов были проблемой и задачей как страны в целом, так и ее отдельных регионов (областей). В этом отношении БПТ — совсем не исключение. Система запретов и ограничений на экономическую деятельность на БПТ неизбежно влияет на экономическую и денежную стоимость ее природного капитала. Частичное освобождение от ограничений на экономическую деятельность и развитие безопасных для окружающей среды видов деятельности на БПТ обеспечит повышение капитализации самой БПТ и экономической и денежной стоимости ее природного капитала.

В текущих рыночных ценах находит отражение лишь часть потенциальной экономической стоимости природных ресурсов, а другую ее часть невозможно легко определить в рыночных процессах. В результате, их фактическая стоимость не отражается соответствующим образом (или даже не учитывается) в решениях об экономическом развитии. Это, в свою очередь, в итоге влечет за собой дорогостоящие ошибки в экономической политике и стратегическом планировании, связанном с дефицитом природных ресурсов, пренебрежением традиционным представлением местного населения о ценности определенных ресурсов и целесообразности определенных видов природопользования.

Более того, при оценке затрат по проектам и в процессе принятия решений в проводимом экономическом анализе не учитываются так называемые внешние эффекты. В этой связи плата за экосистемные услуги (ПЭУ) и соответствующие меры по ее развитию играют важную роль. Это помогает надлежащим образом оценивать экономическую и денежную стоимость природного капитала и значительно повышает его стоимость. Недооценка роли и экономической стоимости экосистемных услуг ведет к принятию ненадлежащих решений по вопросам управления в области природопользования. В конечном итоге это ведет к значительным экономическим потерям, а в некоторых случаях даже причиняет ущерб окружающей среде и природным ресурсам.

Вышеизложенные соображения определяют структуру и логику данной главы, посвященную характеристике экономических инструментов, направленных на развитие Байкальской природной территории и повышение ее капитализации.

5.1 Оценка природного капитала экосистемы Байкала

Характеристика проблемы

Расположение части озера Байкал в границах РБ – это серьезное конкурентное преимущество для развития региона. Однако в настоящее время регион получает мало экономических преимуществ от того, что на его территории находится оз. Байкал, и пока слабо использует его как ресурс развития и капитализации БПТ.

Капитализация природного потенциала БПТ путем использования экосистемных услуг и поддержки эколого-ориентированных видов деятельности необходима, чтобы обеспечить устойчивое развитие РБ. Она также необходима для того, чтобы гарантировать достаточный финансовый поток (поток доходов) и объем финансирования на поддержку и развитие водного сектора, которого сегодня региону ощутимо не хватает. В этой связи, оценка природного капитала оз. Байкал выделена в качестве специальной рекомендации.

Содержание мероприятий

1. Проведение работ по оценке природного капитала экосистемы Байкала.

Работы рекомендуется провести в рамках реализации ФЦП «Охрана озера Байкал и социально-экономическое развитие БПТ». На первом этапе работ требуется сформировать методологическую базу экономической и денежной оценки природного капитала исходя из международного опыта и с учетом особенностей БПТ и управления природными ресурсами в РФ в целом.

Как показывает международный опыт (например, Великобритании), до проведения дорогостоящей полной процедуры оценки необходимо осуществить несколько мер. Вначале целесообразно ранжировать (в качественном выражении) разные компоненты природного капитала и различные экосистемные услуги. А зетем провести их детальную экономическую и денежную оценку, начиная с наиболее ценных компонентов и услуг.

Дальнейшие шаги должны включать работы, указанные ниже:

- оценка потенциальных экономических выгод и выгод для бюджета от внедрения платы за экосистемные услуги и развитие этого инструмента на БПТ (на основе аналитических и полевых работ)
- обоснование приоритетов в развитии эколого-ориентированных видов деятельности и соответствующих форм их поддержки

- подготовка проектов нормативных правовых актов, обеспечивающих внедрение платы за экосистемные услуги
- оценка ожидаемых выгод в виде ускоренного развития БПТ.

2. Разработка концепции развития эколого-ориентированных видов деятельности и внедрения экосистемных платежей в целях сохранения и восстановления водосборных и водоохранных функций экосистем на БПТ.

Необходимый объем затрат и фискальный эффект

Стоимость выполнения соответствующих работ предварительно можно оценить в 10-25 млн. руб. на первом (методическом) этапе и в 200-300 млн. руб. на втором этапе (проведение полного комплекса исследований). (Экспертные оценки основываются на стоимости крупных научных исследований природоохранной тематики в РФ.

Реализация мер: уровень полномочий и связь с водной политикой Российской Федерации

Мероприятия, очерченные в таблице 5.1, направлены на повышение эффективности УВР на БПТ и реализуются федеральными органами государственной власти. Взаимосвязанные меры должны осуществляться в рекомендованном порядке.

Таблица 5.1. **«Осуществимость» рекомендуемых мер и оцениваемые сроки реализации**

Наименование мероприятия	Достижимость	Сроки реализации	
		Исходя из содержания	Исходя из социальной и экономической приемлемости
Проведение работ по оценке природного капитала экосистемы Байкала	средняя	2-3 года	2-3 года
Разработка концепции развития эколого-ориентированных видов деятельности, разработки и внедрения платежей за экосистемные услуги в целях сохранения и восстановления водосборных и водоохранных функций экосистем на БПТ		2-3 года	2-3 года

Источник: Собственные рекомендации и оценки авторов отчета.

Ожидаемый результат

- разработка методической основы для оценки природного капитала экосистем на территории РФ
- приоритетные мероприятия, способные максимально содействовать ускорению социально-экономического развития БПТ за счет внедрения платежей за пользование экосистемными услугами и развития эколого-ориентированных видов деятельности на БПТ.

5.2. Гармонизация системы экологической регламентации на БПТ

Характеристика проблемы

Законодательством РФ предусмотрена жесткая система экологической регламентации хозяйственной деятельности на БПТ. Однако в этой системе есть пробелы из-за отсутствия ряда предусмотренных законом «Об охране оз. Байкал», но пока нет принятых подзаконных актов, регламентирующих хозяйственную деятельность и охрану окружающей среды на БПТ.

Кроме того, есть потребность в устранении технических дефектов экологической регламентации хозяйственной деятельности на БПТ. Эта потребность, прежде всего, связана с необходимостью пересмотра нормативов предельно допустимого воздействия на экосистему оз. Байкал (в том числе объема сбросов загрязняющих веществ) и обоснования нормативов в области охраны окружающей среды. Пересмотр нормативов и уточнение методик должны осуществляться на основании результатов предварительно проведенных научных исследований по определению влияния антропогенного воздействия на состояние экосистемы Байкала.

Содержание мероприятий

1. Разработка и утверждение нормативных правовых актов, предусмотренных Федеральным законом «Об охране оз. Байкал», в том числе:

- описание и утверждение распоряжением Правительства РФ границ водоохранной зоны оз. Байкал, подготовка перечня объектов, размещенных в водоохранной зоне
- разработка и утверждение постановлением Правительства РФ Правил ликвидации или перепрофилирования экологически опасных хозяйственных объектов на БПТ
- разработка и утверждение постановлением Правительства РБ Правил организации туризма и отдыха в центральной экологической зоне БПТ в соответствии с правилами, обеспечивающими соблюдение предельно допустимых норм нагрузок на окружающую среду в ЦЭЗ.

2. Усиление обоснованности нормирования в рамках экологической регламентации хозяйственной деятельности на БПТ на основании проведения научных исследований по определению влияния антропогенного воздействия на состояние экосистемы Байкала:

- пересмотр нормативов предельно допустимого воздействия на экосистему оз. Байкал
- обоснование нормативов в области охраны окружающей среды, оценка и прогнозирование экологических, социальных, экономических последствий применения нормативов в области охраны окружающей среды.

Необходимый объем затрат и фискальный эффект

Мероприятия могут быть реализованы в рамках текущей деятельности органов публичной власти, прямые затраты и непосредственное влияние на бюджетные доходы отсутствуют (расходы на указанные научные исследования учтены в разделе 5.3).

Реализация мер: уровень полномочий и связь с водной политикой Российской Федерации

Реализация меры 1, направленной на повышение эффективности УВР на БПТ, требует действий со стороны федеральных органов государственной власти. При этом органы власти РБ наделены достаточными полномочиями на реализацию мер в части, касающейся принятия положений об организации туризма и отдыха в ЦЭЗ БПТ и организации проведения рекомендуемых исследований.

Рекомендованные мероприятия могут осуществляться независимо друг от друга.

Таблица 5.2. **«Осуществимость» рекомендуемых мер и оцениваемые сроки реализации**

Наименование мероприятия	Достижимость	Сроки реализации	
		Исходя из содержания	Исходя из социальной и экономической приемлемости
Разработка и утверждение нормативных правовых актов, предусмотренных Федеральным законом «Об охране оз. Байкал»	средняя	1-3 года	3-5 лет
Усиление обоснованности нормирования в рамках экологической регламентации хозяйственной деятельности на БПТ на основании проведения научных исследований по определению влияния антропогенного воздействия на состояние экосистемы Байкала	средняя	1-2 года	3-4 года

Источник: Собственные рекомендации и оценки авторов отчета.

Ожидаемый результат

- гармонизация законодательства и совершенствование экологической регламентации хозяйственной деятельности на БПТ
- развитие экономической деятельности в РБ при сохранении целостности экосистемы Байкала.

5.3. Отмена или смягчение некоторых административных запретов, а также более широкое применение экономических инструментов управления экономической деятельностью в центральной экологической зоне БПТ

Характеристика проблемы

Установленные федеральными нормативными актами ограничения и природоохранные требования на БПТ повышают затраты производителей и влекут за собой издержки упущенных экономических возможностей для Республики Бурятия (по оценкам органов власти РБ, из-за них регион ежегодно недобирает 5-7% потенциального объема ВРП). В частности, это означает, что система ограничений и требований снижает уровень жизни населения региона.

Проведенный в рамках проекта анализ ситуации в РБ позволяет рекомендовать смягчение системы административных инструментов, связанных с БПТ, и расширение применения экономических инструментов. В соответствии с мировой практикой, в тех случаях, когда потенциальный экологический ущерб является неприемлемым, акцент делается на административных инструментах. Если же потенциальный ущерб локален и некритичен (например, в ситуации, когда один из многих загрязнителей даже при превышении лимитов сброса не наносит критического ущерба экосистеме), приоритет обычно отдается созданию стимулов с помощью экономических и других инструментов (см. Отчеты #1 и #2). Данный подход рекомендуется и для БПТ.

В 2014 г. был отменен ряд запретов на деятельность в центральной экологической зоне БПТ, в том числе запреты:

- на строительство зданий и сооружений предприятий, осуществляющих отдельные виды деятельности, которая не наносит вреда окружающей среде
- на розлив питьевой воды и переработку овощей и ягод с подсобных и фермерских хозяйств, производство лекарственных растительных препаратов и т.д.

По оценке авторов, эта отмена улучшит перспективы социально-экономического развития РБ без серьезного увеличения экологических рисков.

Однако в целом обоснование возможности смягчения административных запретов в тех случаях, когда оно не несет потенциала критических последствий для экосистемы оз. Байкал, должно стать предметом отдельной специальной работы. Пределы допустимого смягчения запретов и ограничений с точки зрения влияния на природный комплекс ЦЭЗ сегодня не установлены. Отдельные исследования в этой сфере сегодня существуют, но они, как правило, не сфокусированы на выявлении допустимого коридора смягчения запретов исходя из реального или потенциального ущерба экосистеме.

Также следует отметить, что одновременно со снятием указанных запретов, федеральным законодательством была установлена обязательность проведения государственной экологической экспертизы федерального уровня проектов строительства и реконструкции всех объектов на БПТ, что значительно увеличивает сроки получения разрешений на строительство объектов и расходы на его проведение.

Содержание мероприятий

1. Проведение научных исследований, выявляющих влияние различных видов деятельности на состояние биосферы БПТ.

Необходимо провести серию научных исследований для выявления влияния различных видов деятельности (а в ряде случаев — также отдельных объектов и организаций) на биосферу БПТ. Данные исследования рекомендуется провести в рамках реализации ФЦП «Охрана озера Байкал и социально-экономическое развитие БПТ». Специально отметим потребность в проведении специальных исследований по изучению вопроса влияния вечной мерзлоты на уровни загрязнения подземных вод в РБ, которая была выявлена в ходе первого этапа работ по проекту.

2. По результатам проведенных научных исследований внесение изменений в постановление Правительства РФ от 31.08.2001 № 643 «Об утверждении перечня видов деятельности, запрещенных в центральной экологической зоне Байкальской природной территории» в части пересмотра перечня запрещенных видов деятельности в ЦЭЗ с учетом результатов исследований.

Рекомендуется пересмотреть полный запрет ряда видов деятельности, необходимых для нормального функционирования и развития поселений центральной экологической зоны на основе указанных выше принципов. Перечень допустимых изменений будет сформулирован по результатам научных исследований, которые, в частности, позволят определить допустимые объемы и зоны вырубки леса и заготовки древесины, строительства объектов транспортной, энергетической и коммунальной инфраструктуры и т. д.

3. Внесение изменений в Федеральный закон от 23.11.1995 № 174-ФЗ «Об экологической экспертизе» в части уточнения перечня объектов государственной экологической экспертизы федерального уровня.

Рекомендуется сохранить требование о федеральной экспертизе только в отношении объектов, потенциальное влияние на экосистему оз. Байкал особенно велико.

Необходимый объем затрат и фискальный эффект

Стоимость проведения рекомендованных исследований предварительно можно оценить в 300-500 млн. руб. (экспертная оценка исходя из стоимости крупных научных исследований природоохранной тематики в РФ).

Потенциальный эффект от смягчения системы административных мер, по оценке, может составить до 1-1,5% прироста ВРП и до 200-300 млн. руб. дополнительных налоговых поступлений в бюджетную систему РФ в год.

Реализация мер: уровень полномочий и связь с водной политикой Российской Федерации

Мероприятия, очерченные в таблице 5.3, реализуются федеральными органами государственной власти и направлены на повышение эффективности УВР на БПТ.

Мероприятия 1 и 2 зависят друг от друга и осуществляются в рекомендованной последовательности. Мероприятие 3 может осуществляться отдельно.

Таблица 5.3. **«Осуществимость» рекомендуемых мер и оцениваемые сроки реализации**

Наименование мероприятия	Достижимость	Сроки реализации	
		Исходя из содержания	Исходя из социальной и экономической приемлемости
Проведение научных исследований, выявляющих влияние различных видов деятельности на состояние биосферы БПТ	низкая	2-3 года	2-3 года
Внесение изменений в постановление Правительства РФ от 31.08.2001 № 643 в части пересмотра перечня запрещенных видов деятельности в ЦЭЗ по результатам проведенных научных исследований		2-3 года	3-4 года
Внесение изменений в Федеральный закон от 23.11.1995 № 174-ФЗ «Об экологической экспертизе» в части уточнения перечня объектов государственной экологической экспертизы федерального уровня	средняя	6 месяцев-1 год	1-2 года

Источник: Собственные рекомендации и оценки авторов отчета.

Ожидаемый результат

- определение предельно допустимых нагрузок на природную среду и объемов изъятия природных ресурсов (в том числе в отношении отдельных видов экономической деятельности)
- смягчение административных барьеров при осуществлении деятельности по строительству и реконструкции объектов на БПТ
- создание условий для необходимых для нормального функционирования и развития поселений центральной экологической зоны, содействие ускорению социально-экономического развития БПТ за счет внедрения платежей за пользование экосистемными услугами и развития эколого-ориентированных видов деятельности на БПТ.

5.4. Государственная поддержка эколого-ориентированной деятельности для повышения капитализации БПТ

Характеристика проблемы

В настоящее время в Республике Бурятия государственная поддержка эколого-ориентированных видов деятельности заключается, в основном, в поддержке развития инфраструктуры туризма за счет средств ФЦП и РЦП и туристического бизнеса, а также поддержки системы обращения с отходами за счет республиканского бюджета. Авторы оценивают эту поддержку как недостаточную для развития видов экономической деятельности, адекватных особому режиму природопользования на БПТ.

Изменения, внесенные в 2014 году в перечень видов деятельности, запрещенных в ЦЭЗ на БПТ, улучшают среду для содействия экологически безопасной деятельности в РБ. Тем не менее, необходимо далее содействовать развитию на БПТ экономической деятельности, не причиняющей значимого ущерба окружающей среде, а также расширять охват системы платы за экосистемные услуги.

Содержание мероприятий

1. Включение поддержки эколого-ориентированных видов деятельности в число приоритетов социально-экономического развития Республики Бурятия.

В нормативные правовые акты РБ, устанавливающие приоритеты социально-экономического развития региона (Закон РБ от 14.03.2011 № 1903-IV «О Программе социально-экономического развития Республики Бурятия на период до 2020 года» и др.) предлагается включить поддержку экологически ориентированных видов деятельности на БПТ. В рамках данного проекта был сформулирован следующий предварительный перечень таких видов деятельности:

- экологический и иной туризм с ответственностью по отношению к ненарушенным природным территориям
- производство бутилированной байкальской воды
- сбор и переработка дикоросов
- производство экологически чистых продуктов питания без применения пестицидов, гербицидов, синтетических удобрений и стимуляторов роста
- использование альтернативных источников энергии

- экологический аудит и консалтинг
- создание научно-образовательных центров, лабораторий, научно-производственных комплексов для разработки и испытания новых подходов и технологий экологической направленности
- расширение охвата системы ПЭУ.

2. Совершенствование нормативно-правового обеспечения государственной поддержки развития экологически ориентированных видов деятельности на БПТ. В рамках мероприятия предлагается внести в нормативные акты РБ следующие изменения:

- в законы РБ и подзаконные акты – в части распространения государственной поддержки на экологически ориентированные инвестиционные проекты в форме предоставления государственных гарантий РБ, налоговых льгот, инвестиционных налоговых кредитов и передачи государственного имущества Республики Бурятия в аренду на льготных условиях или в залог:
  - Закон РБ от 08.05.2009 № 868-IV «О государственной поддержке инвестиционной деятельности на территории РБ»
  - Закон РБ от 26.11.2002 № 145-III «О некоторых вопросах налогового регулирования в РБ, отнесенных законодательством РФ о налогах и сборах к ведению субъектов РФ»
- в Закон РБ от 16.03.2012 № 2625-IV «О государственно-частном партнерстве в РБ» – в части дополнения понятия «общественно значимые проекты» эколого-ориентированными видами деятельности.

3. Наделение органа власти Республики Бурятия полномочиями по государственной поддержке экологически ориентированных видов деятельности.

Необходимый объем затрат и фискальный эффект

Мероприятия могут быть реализованы в рамках текущей деятельности органов публичной власти. Оценка эффектов должна производиться в отношении конкретных проектов.

Реализация мер: уровень полномочий и связь с водной политикой Российской Федерации

Мероприятия, очерченные в таблице 5.4, реализуются региональными органами публичной власти РБ и направлены на повышение эффективности УВР на БПТ.

Указанные мероприятия зависят друг от друга и осуществляются в рекомендованной последовательности.

Таблица 5.4. **«Осуществимость» рекомендуемых мер и оцениваемые сроки реализации**

Наименование мероприятия	Достижимость	Сроки реализации: Исходя из содержания	Сроки реализации: Исходя из социальной и экономической приемлемости
Включение поддержки эколого-ориентированных видов деятельности в число приоритетов социально-экономического развития Республики Бурятия	средняя	3-6 месяцев	3-6 месяцев
Совершенствование нормативно-правового обеспечения государственной поддержки развития экологически ориентированных видов деятельности на БПТ		1-2 года	1-3 года
Наделение органа власти Республики Бурятия полномочиями по государственной поддержке экологически ориентированных видов деятельности		1-2 года	3-4 года

Источник: Собственные рекомендации и оценки авторов отчета.

Ожидаемый результат

- Более благоприятные правовая среда и организационные условия и более сильные экономические стимулы к эколого-ориентированной деятельности на БПТ.

5.5. Внедрение платы за экосистемные услуги

Характеристика проблемы

В мировой практике плата за экосистемные услуги является важным экономическим инструментом УВР (см. вставку 5.1).

Вставка 5.1. **Плата за экосистемные услуги**

Плата за экосистемные услуги в настоящем проекте понимается как компенсация со стороны потребителей экосистемных услуг (то есть услуг, при оказании которых потребители получают выгоды от экосистем) в пользу лиц в собственности (ведении) которых находятся ресурсы экосистемы. Установление платы за экосистемные услуги означает создание рынка услуг, которые ранее не имели цены, хотя их получение создает экономические преимущества. Наиболее распространенными экосистемными услугами, связанными с УВР, являются услуги по:

- обеспечению водой определенного качества
- сохранению биоразнообразия
- сохранению эстетической ценности природных объектов, доступных для посещения
- поглощению углерода.

Источник: Второй промежуточный отчет по проекту (Отчет #2).

Внедрение ПЭУ может стать движущей силой охраны экосистем и повышения их качества. Это окажет позитивное влияние на систему управления водными ресурсами и систему природопользования за счет создания потока средств от продажи экосистемных услуг.

Поставщиками экосистемных услуг и получателями доходов, создаваемых ПЭУ, могут быть государственные и частные субъекты. Этим определяется, как (в каких целях) и кем используются или могут использоваться собранные доходы (созданные ПЭУ). В этой связи имеется несколько соображений:

Во-первых, если частный субъект просто осуществляет меры, необходимые для полного соблюдения действующей экологической регламентации, регламентации управления природными ресурсами и экологических стандартов, **такие меры никоим образом не могут истолковываться как экосистемные услуги.**

К экосистемным услугам могут быть отнесены и могут оплачиваться только меры **помимо и сверх того**, что необходимо для полного соответствия действующим экологическим нормам. Фермер в верховье реки, деятельность которого полностью соответствует вышеуказанным стандартам и регламентации, например, может принять дополнительные меры по повышению качества водных ресурсов и (или) увеличению их объема в низовье, такие как посадка кустарников и деревьев на берегах ручья или реки, протекающих через его собственный земельный участок, или применение более совершенных методов выпаса скота. Эти дополнительные усилия можно отнести к экосистемной услуге.

Такой подход позволяет предотвратить возникновение возможного конфликта между применением принципа «загрязнитель платит» и «выгодополучатель платит».

Во-вторых, если частные субъекты (например, фермеры в верховье) предоставляют экосистемные услуги за счет собственных ресурсов, тогда плата за эти услуги становится налогооблагаемым доходом, который используется по усмотрению этих частных субъектов. В случае предоставления экосистемных услуг государственными субъектами или за счет государственных природных ресурсов (экосистемными объектами) доходы от ПЭУ поступают в доход государственного бюджета и (или) специализированные бюджетные или внебюджетные фонды, средства которых могут выделяться целевым назначением на природоохранные цели. Например, в Республике Бурятия плата может взиматься за посещение охраняемой природной территории, а собранные средства можно расходовать на природоохранные цели.

Возможна также ПЭУ комбинированного типа, когда плата частным субъектам сочетается с платой государству.

В-третьих, следует разграничивать ПЭУ и экологические платежи — сборы, штрафы, налоги и субсидии. В любом случае ПЭУ представляет собой нечто большее, чем создание стимулов к реализации экологических мер. Она также играет роль экономического инструмента, помогающего интернализировать положительные внешние эффекты. ПЭУ приносит доходы для развития экологически безопасных видов деятельности и повышения капитализации природных ресурсов и той территории, на которой они находятся.

В Республике Бурятия, как и в Российской Федерации в целом, роль данного механизма пока очень ограничена и почти полностью сводится к использованию особо охраняемых природных территорий (ООПТ). Тем не менее, в РБ и в бассейне оз. Байкал имеется очень значительный потенциал для расширения сферы его применения. Как и по ряду других направлений деятельности, БПТ — с ее уникальной экосистемой и особым регулированием природопользования — могла бы стать для России пилотной территорией в области внедрения платы за экосистемные услуги.

В этой связи хорошим примером может служить международный опыт применения ПЭУ, например, в Великобритании (см. отчет # 2).

Содержание мероприятий

Виды экосистемных услуг, связанные с УВР бассейна озера Байкал определяются в результате оценки природного капитала экосистемы Байкала, конкретный перечень мероприятий формируется исходя из концепции, подготовленной в результате специального исследования. В рамках настоящих рекомендаций предварительно были выделены следующие направления деятельности:

1. Установление (увеличение) и упорядочивание платы за пользование природными ресурсами, в частности:

- развитие входной платы за посещение особо охраняемых природных территорий (в том числе за въезд и автомобильную парковку). Это требует разработки системы организации платежей и сбора средств с целью привлечения необходимых ресурсов для компенсации затрат, которые несут ООПТ и организации, предоставляющие экосистемные услуги, в целях сохранения биоразнообразия и восстановления экосистем
- разработка и внедрение системы мобилизации средств за счет введения на БПТ «курортного сбора», взимаемого с каждого посетителя за каждые сутки пребывания на БПТ.

2. Внедрение системы добровольных соглашений между частными производителями и правительством РБ в области компенсации затрат на охрану природы и сохранение биоразнообразия.

3. Создание специального фонда для взимания и аккумулирования части платы за экосистемные услуги с возможностью целевого использования полученных средств на развитие водного сектора РБ и бассейна озера Байкал.

Оптимальным вариантом реализации мероприятия является аккумулирование средств в целевом фонде поддержки Байкальской природной территории (см. раздел 7.2). Если рекомендация по созданию государственной корпорации не будет реализована, целесообразно выработать иное решение для обеспечения целевого использования средств, полученных от ПЭУ, для сохранения экосистемы озера Байкал.

4. Составление перечня экосистемных услуг, которые можно предоставлять или которые уже предоставляются на территории Республики Бурятия, в частности, на БПТ. Помимо этого, развитие системы предварительной экономической и денежной оценки природного капитала БПТ. Следует ранжировать его компоненты и определить приоритеты их использования, капитализации и развития, начиная с наиболее ценных компонентов.

Необходимый объем затрат и фискальный эффект

Получение соответствующих оценок требует специальных исследований и анализа, выходящих за рамки настоящей работы.

Реализация мер: уровень полномочий и связь с водной политикой Российской Федерации

Реализация меры 1 требует действий со стороны федеральных органов государственной власти. Региональные органы власти (планирующие действия в регионе с учетом действий, предпринимаемых на федеральном уровне) имеют полномочия на осуществление других мер, направленных на повышение эффективности УВР на БПТ (см. таблицу 5.5). Целесообразно осуществлять данные мероприятия не только на территории РБ, но и в Иркутской области.

Таблица 5.5. **«Осуществимость» рекомендуемых мер и оцениваемые сроки реализации**

Наименование мероприятия	Достижимость	Сроки реализации	
		Исходя из содержания	Исходя из социальной и экономической приемлемости
Установление (увеличение) и упорядочивание платы за пользование природными ресурсами	средняя	1-2 года	2-3 года
Внедрение системы добровольных соглашений между частными производителями и правительством РБ в области компенсации затрат на охрану природы и сохранение биоразнообразия	низкая	2-3 года	2-3 года
Создание специального фонда для взимания и аккумулирования части платы за экосистемные услуги с возможностью целевого использования полученных средств на развитие водного сектора РБ и бассейна озера Байкал	средняя	2-3 года	2-3 года

Источник: Собственные рекомендации и оценки авторов отчета.

Ожидаемый результат

- существенное расширение платных экосистемных услуг на БПТ, увеличение финансирования природоохранных мероприятий за счет данной платы
- дальнейшее развитие системы ООПТ за счет привлечения дополнительных средств, вклад в сохранение биоразнообразия.

5.6. Перераспределение гидроэнергетической ренты и внедрение механизма компенсации экологического ущерба, наносимого экосистеме озера Байкал и экономике прибрежных районов

Характеристика проблемы

В 1960-х гг. на реке Ангара, вытекающей из оз. Байкал, в Иркутской области был построен каскад гидроэлектростанций. Строительство Ангарского каскада ГЭС было обусловлено возможностью получения большого количества дешевой электроэнергии благодаря природным условиям (большие водность и падение Ангары, высокая естественная регулирующая способность озера Байкал, удобство выбранных створов). Однако в стоимости производства электроэнергии никак не учитывается ущерб, наносимый экосистеме озера Байкал и экономике прибрежных районов (экономическим агентам и деятельности), то есть соответствующие отрицательные внешние эффекты не интернализированы.

После строительства каскада ГЭС на Ангаре произошла перестройка уровенного режима озера и повышение среднего многолетнего уровня на 1,2 метра. Данная перестройка оказала колоссальное негативное воздействие на экосистему Байкала, а также на природу и хозяйство его побережья (повысило частоту наводнений и подтоплений в некоторых районах РБ). Особенно большой ущерб был нанесен водным экосистемам озера и территориям восточного низменного побережья в границах РБ. Таким образом, основные выгоды от эксплуатации ГЭС извлекает Иркутская область и экономические агенты, работающие на её территории, а основные потери несет Республика Бурятия. Она даже не извлекает выгоды от поставок дешевой электроэнергии, производимой ГЭС, из-за слабых связей с электроэнергетической системой Иркутской области и высокой стоимости транспортировки электроэнергии. Вместо этого электроэнергия производится на месте на теплоэлектростанциях со значительно более высокой удельными затратами (себестоимостью).

Вследствие этого, несмотря на то, что для производства гидроэлектроэнергии используется озеро Байкал, ставки тарифов на электроэнергию в РБ очень высоки. Так, по состоянию на 2015 г. в Республике Бурятия цены на электроэнергию для населения по одноставочному тарифу находятся в диапазоне 2,9-4,3 руб. за 1 кВт-ч, а в Иркутской области: 0,5-0,9 руб. за 1 кВт-ч, т.е. в 5-6 раз ниже.

Высокая стоимость электроэнергии в РБ обусловлена высокими затратами на транспортировку электроэнергии из Иркутской области, а также низкой мощностью и эффективностью имеющихся в РБ трансформаторных подстанций и собственных генерирующих мощностей (главным образом теплоэлектростанций, работающих на ископаемом топливе).

Отметим, что существующие в РБ высокие тарифы на электроэнергию косвенно способствуют загрязнению озера Байкал, снижают конкурентоспособность РБ в энергоемких видах деятельности. Расходы на электроэнергию составляют значительную долю производственных затрат предприятий ВСиВО, при этом биологическая очистка сточных вод представляет собой энергоемкий процесс. В связи с плохим финансовым положением предприятия ВСиВО не всегда могут оплачивать счета за электроэнергию. И для того чтобы уменьшить размер счета за электроэнергию, в процессе очистки сточных вод они могут ограничиваться только механической очисткой.

В начале 2000-х годов удалось внедрить механизм перераспределения части гидроэнергетической ренты за счет отчислений в бюджет РБ части платы за использование водных ресурсов в рамках соглашения между Иркутской областью и РБ. Однако данный механизм был упразднен в связи с изменением федерального законодательства (см. отчет #1).

Возобновление действия механизма перераспределения гидроэнергетической ренты компенсирует, по меньшей мере отчасти, ущерб, наносимый экосистеме озера Байкал и прибрежным районам, и поможет улучшить УВР на БПТ. Определение параметров решения данных задач и выбор экономических механизмов их реализации требуют проведения отдельного исследования.

Содержание мероприятий

1. Доработка методических подходов по оценке ущерба от негативного воздействия гидроэнергетики на экосистему оз. Байкал, экономику и население прибрежных территорий на основе:

- оценки ущерба, наносимого водным биологическим ресурсам после зарегулирования стока (в результате сезонных отклонений уровня от естественного, и в периоды экстремальной водности)
- оценки ущерба экономике, вызванного рисками, связанными с водными ресурсами: в том числе от разрушения берегов, подтоплений и других негативных воздействий вод.

2. Актуализация методических разработок по определению величины, присвоению и справедливому перераспределению ренты, которая возникает в результате гидроэнергетического использования водных ресурсов озера Байкал.

Существуют различные подходы к оценке размера экономических выгод:

- исходя из объема дополнительной выработки электроэнергии в связи с изменением уровня оз. Байкал: экономические выгоды оцениваются как чистый дополнительный доход от дополнительного объема выработки электроэнергии Ангарским каскадом ГЭС (путем сопоставления объемов выработки в случае естественного уровня водного зеркала озера Байкал с объемами выработки в случае изменения этого уровня)
- исходя из общего объема выработки электроэнергии: рента определяется как произведение всего объема выработки электроэнергии Ангарским каскадом ГЭС и разницы между средней стоимостью производства электроэнергии на тепловых станциях региона и стоимостью генерации на Ангарском каскаде ГЭС.

В соответствии с существующими научными разработками, альтернативными схемами распределения гидроэнергетической ренты являются:

- **акваториальный подход**: пропорционально доле Бурятии (62,4%) в общей акватории Байкала
- **компенсационный подход**: пропорционально ущербу от работы ГЭС, причиненному части акватории и побережья Байкала в границах РБ (в частности, исходя из доли республики в общей площади затопленных и подтопленных земель, которая оценивалась ранее в 95,7%).

Указанные варианты не исчерпывают весь перечень существующих подходов к оценке величины и рекомендуемому распределению ренты. Выбор решения по перераспределению гидроэнергетической ренты требует серьезных научных исследований.

3. Внедрение **механизма компенсации** ущерба, наносимого экосистеме оз. Байкал и экономике прибрежных районов вследствие использования озера в гидроэнергетических целях. В качестве данного механизма целесообразно использовать специальный налог (сбор) на производство электроэнергии. Данный налог должен увеличивать стоимость электроэнергии таким образом, чтобы возместить все затраты ее производства, в том числе экологические затраты.

Исходя из международного опыта рентные платежи рекомендуется использовать целевым образом. Возможным вариантом целевого использования является создание специального фонда (см. раздел 7.2). Также требует специальной проработки выбор направлений использования полученных средств на компенсацию ущерба. В частности, при распределении гидроэнергетической ренты рекомендуется часть её направить на решение задачи обеспечения населения и экономики РБ электрической энергией по доступной цене, не в последнюю очередь путем укрепления межсистемных связей энергосистемы РБ (высоковольтных сетей, трансформаторных станций) с энергосистемой Иркутской области.

Необходимый объем затрат и фискальный эффект

Соответствующие оценки требуют специальных исследований и анализа, выходящих за рамки настоящей работы.

Реализация мер: уровень полномочий и связь с водной политикой Российской Федерации

Мероприятия, представленные в таблице 5.6, направлены на повышение эффективности УВР на БПТ и реализуются федеральными органами власти. Предлагаемые мероприятия могут быть тиражированы в других регионах РФ со схожими ситуациями по использованию трансграничных водных ресурсов (Енисейский и Волжско-Камский каскады ГЭС и др.).

Указанные мероприятия зависят друг от друга, реализация мероприятий 1 и 2 предшествует реализации мероприятия 3.

Таблица 5.6. **«Осуществимость» рекомендуемых мер и оцениваемые сроки реализации**

Наименование мероприятия	Достижимость	Сроки реализации: Исходя из содержания	Сроки реализации: Исходя из социальной и экономической приемлемости
Доработка методических подходов по оценке ущерба от негативного воздействия гидроэнергетики на экосистему оз. Байкал, экономику и население прибрежных территорий	низкая	1-3 года	1-3 года
Актуализация методических разработок по определению величины и справедливому перераспределению ренты, которая возникает в результате гидроэнергетического использования водных ресурсов озера Байкал		1-3 года	1-3 года
Внедрение механизма компенсации ущерба, наносимого экосистеме оз. Байкал и экономике прибрежных районов вследствие использования озера в гидроэнергетических целях		2-3 года	5-7 лет

Источник: Собственные рекомендации и оценки авторов отчета.

Ожидаемый результат

- компенсация ущерба, наносимого экосистеме оз. Байкал и экономике прибрежных районов вследствие нарушений естественного водного режима озера Байкал
- внедрение системы ценообразования на электрическую энергию Ангарского каскада ГЭС, обеспечивающих возмещение всех затрат производства, в том числе экологических затрат (затрат на компенсацию негативных «внешних эффектов»); интернализация в полном размере экологических затрат и платы за использование водных ресурсов в затратах на выработку электроэнергии Ангарским каскадом ГЭС в сочетании с ценообразованием, обеспечивающим возмещение всех затрат производства
- получение РБ дополнительных финансовых ресурсов в связи с перераспределением гидроэнергетической ренты и их целевое использование.

Если проработанный компенсационный механизм докажет свою экономическую жизнеспособность, его можно будет затем применить и на трансграничном уровне — в частности, для увеличения экспорта электроэнергии в Монголию по стабильной и привлекательной цене, в обмен на обязательство Монголии отказаться от планов строительства ГЭС в верховьях р. Селенга — главного притока Байкала, поскольку эти планы способны нанести значительный ущерб водным ресурсам и экосистеме оз. Байкал.

Однако, экономические агенты и субъекты РФ, участвующие в присвоении гидро-энергетической ренты, могут быть заинтересованы в максимизации величины этой ренты даже ценой нанесения ущерба озеру Байкал и его экосистеме. Для того чтобы не допустить такого развития событий, необходимо, в частности, удерживать колебания уровня озера Байкал в определенных пределах, близких к веками сложившимся естественным значениям. Этому вопросу посвящена следующая рекомендация.

5.7. Содействие усилиям, направленным на обеспечение того, чтобы колебания уровня воды в озере Байкал были приближены к их естественным значениям

Характеристика проблемы

В настоящее время уровень озера Байкал зависит не только от природных факторов (соотношения притока поверхностных и подземных вод и выпавших на его водосборной территории осадков, а также испарения и стока р. Ангары), но и от режима эксплуатации Ангарского и Енисейского каскадов ГЭС, работающих во взаимозависимом режиме. Эксплуатация Ангарского каскада ГЭС оказывает серьезное негативное влияние на экосистему БПТ и Байкала, а также на хозяйство его побережья, прежде всего, в части БПТ, находящейся в границах РБ. (см. раздел 5.6.).

Начиная с 2001 г. амплитуда колебания уровня воды выдерживается в рамках предельных значений, установленных Правительством РФ (между отметками 456 и 457 метров Балтийской системы). Однако в последние годы негативное влияние Ангарского каскада ГЭС возрастает: в 2012-2015 гг. вводится в эксплуатацию Богучанская ГЭС (четвертая ГЭС каскада), рассматривается вопрос строительства Нижнеангарской ГЭС (пятая ГЭС). По состоянию на начало 2015 г. уровень Байкала понизился почти до минимально допустимой отметки в 456 м.

Активизация использования водных ресурсов оз. Байкал для нужд гидроэнергетики приводит к усилению колебаний уровня озера. В связи с этим, обострились конфликты между органами публичной власти, организациями, которые эксплуатируют ГЭС Ангарского каскада в Иркутской области, и экологическими организациями.

Вместе с тем, вне зависимости от того, какая фаза многолетнего цикла водности имеет место в текущий период времени, необходимо стремиться к наибольшему приближению годового цикла изменений уровня Байкала к тем характеристикам, которые наблюдались до строительства ГЭС. Данная задача отражена, в том числе, в федеральных документах, устанавливающих приоритеты УВР на БПТ.

По мнению большинства экспертов, представителей гидроэнергетических компаний, государственных органов и неправительственных организаций, регулирование уровня озера должно основываться на научно обоснованных утвержденных правилах. Такие правила необходимо формировать исходя из общего влияния Ангарского каскада ГЭС на оз. Байкал с использованием имеющихся научных исследований.

Подготовлен проект «Правил использования водных ресурсов озера Байкал и водохранилищ Ангарского каскада ГЭС». Однако по состоянию на начало 2015 г. указанные Правила еще не были утверждены.

Содержание мероприятий

Для уменьшения негативного влияния эксплуатации Иркутской ГЭС на Байкал можно рекомендовать ряд следующих мер:

1. Доработка и нормативное утверждение проекта «Правил использования водных ресурсов озера Байкал и водохранилищ Ангарского каскада ГЭС».

Правила подлежат утверждению приказом Федерального агентства водных ресурсов. Правила должны предусматривать изменение параметров эксплуатации каскада ГЭС, обеспечивающих колебания уровня Байкала, наиболее приближенные к естественным. Критически важным аспектом является утверждение **единых Правил**, а не отдельных Правил для каждого водохранилища.

2. Разработка и нормативное утверждение Регламента управления режимами регулирования уровней озера Байкал и уровнями и расходами нижнего бьефа Иркутской ГЭС в условиях экстремальной водности. Регламент также подлежит утверждению приказом Федерального агентства водных ресурсов и определяет требования к управлению уровнем озера в экстремальных водных условиях.

3. Развитие системы мониторинга реакции водных и прибрежных экосистем на изменение уровней озера Байкал в результате экстремальных событий и учета его результатов для корректировки «Правил использования водных ресурсов озера Байкал и водохранилищ Ангарского каскада ГЭС». Мероприятие предполагает определение перечня биологических индикаторов и проведение систематического анализа их значений. Развитие данной системы целесообразно осуществлять в рамках общей системы государственного экологического мониторинга (см. раздел 3.5).

Необходимый объем затрат и фискальный эффект

Стоимость выполнения научно-исследовательских работ может составить 50-100 млн. руб., наиболее вероятным источником данных средств является бюджет РФ. Оценка влияния предлагаемых мероприятий на экономическое положение гидроэнергетики Иркутской области требует проведения специальных исследований и анализа, выходящих за рамки настоящей работы. Расходы на реализацию мероприятия 3 целесообразно осуществить в ходе реализации мероприятий по развитию ГЭМ Байкала (раздел 3.5).

Реализация мер: уровень полномочий и связь с водной политикой Российской Федерации

Мероприятия (таблица 5.7) направлены на повышение эффективности УВР на БПТ и реализуются федеральными органами власти.

Мероприятия 1 и 2 зависят друг от друга и должны осуществляться во взаимосвязи. Мероприятие 3 может осуществлять обособленно (за исключением учета результатов мониторинга при корректировке Правил).

Таблица 5.7. **«Осуществимость» рекомендуемых мер и оцениваемые сроки реализации**

Наименование мероприятия	Достижимость	Сроки реализации	
		Исходя из содержания	Исходя из социальной и экономической приемлемости
Доработка и нормативное утверждение проекта «Правил использования водных ресурсов озера Байкал и водохранилищ Ангарского каскада ГЭС»	высокая	1 год	1 год
Разработка и нормативное утверждение Регламента управления режимами регулирования уровней озера Байкал и уровнями и расходами нижнего бьефа Иркутской ГЭС в условиях экстремальной водности	высокая	1-2 года	1-2 года
Развитие системы мониторинга реакции водных и прибрежных экосистем на изменение уровней озера Байкал в результате экстремальных событий и учета результатов мониторинга для корректировки «Правил использования водных ресурсов озера Байкал и водохранилищ Ангарского каскада ГЭС»	средняя	1-2 лет	2-3 лет

Источник: Собственные рекомендации и оценки авторов отчета.

Ожидаемый результат

- регулирование использования водохранилищ Ангарского каскада ГЭС, более благоприятное для экосистемы озера Байкал и экономики прибрежных районов
- удержание уровня озера Байкал в пределах отметок 456,0-457,0 м, установленных постановлением Правительством РФ
- мониторинг негативных последствий изменения уровня озера Байкал на основе биологических индикаторов и своевременное регулирование деятельности Ангарского каскада ГЭС.

Ссылки

Закон РБ «О государственно-частном партнерстве в РБ» (№ 2625-IV, 16 марта 2012 года).

Закон РБ «О Программе социально-экономического развития Республики Бурятия на период до 2020 года» (№ 1903-IV, 14 марта 2011 года).

Закон РБ «О государственной поддержке инвестиционной деятельности на территории РБ» (№ 868-IV, 8 мая 2009 года).

Закон РБ «О некоторых вопросах налогового регулирования в РБ, отнесенных законодательством Российской Федерации о налогах и сборах к ведению субъектов РФ» (№ 145-III, 26 ноября 2002 года).

Правительство Российской Федерации, постановление «О федеральной целевой программе «Охрана озера Байкал и социально-экономическое развитие Байкальской природной территории на 2012-2020 годы» (21 августа 2012 года, № 847).

Федеральный закон «Об оценке воздействия на окружающую среду» (№ 175-ФЗ, 23 ноября 1995 года).

Глава 6

Улучшение инструментов повышения эффективности водоснабжения и водоотведения и систем ирригации в Бурятии

В настоящей главе представлены две основные рекомендации:

– оптимизация тарифной политики в ВКХ; и

– содействие введению платежей за воду для орошения сельскохозяйственных земель и обводнение пастбищ, в том числе платы за воду как природный ресурс.

6.1. Оптимизация тарифной политики в ВКХ

Характеристика проблемы

Важным принципом УВР является полное возмещение затрат организаций ВКХ на водопользование, в том числе операционных и капитальных затрат, затрат энергетических ресурсов, экологических издержек. Структура затрат, учитываемых при установлении тарифов, свидетельствует о том, что в РБ установлены заниженные тарифы на услуги водоснабжения и водоотведения, которые, в частности, не учитывают реальную восстановительную стоимость основных фондов ВКХ. Почти две трети расходов организаций водоснабжения РБ связаны с оплатой труда сотрудников и расходами на оплату энергоресурсов. Расходы по техническому обслуживанию, текущему и капитальным ремонтам по последним доступным данным составили всего 5,0%, а амортизация – лишь 2,0% совокупных затрат организаций ВКХ. С учетом высоких показателей износа и аварийности объектов ВКХ в РБ это свидетельствует о серьезном недофинансировании капитального ремонта и обновления основных фондов предприятий водоснабжения и водоотведения. Несмотря на это, бюджетная поддержка республиканскому водопроводно-канализационному комплексу оказывается в минимальных объемах и обеспечивает в последние годы менее 1% расходов организаций ВСиВО.

Проведенный в отчете #1 анализ показал наличие потенциала повышения тарифов. Доля расходов населения по оплате услуг водоснабжения и водоотведения в среднедушевом доходе в последние годы составляет около 1%, что в два раза ниже нижнего значения показателя доступности услуг ВСиВО для населения, используемого международными организациями, в частности, Европейским банком реконструкции и развития.

Задача обеспечения достаточного финансового потока включает задачу выбора системы тарифов. В настоящее время в РБ используются волюметрические тарифы на воду и услуги водоотведения. Отсутствие перекрестного субсидирования является преимуществом существующей тарифной системы. Вместе с тем, международный опыт УВР позволяет рекомендовать к внедрению двухставочные тарифы, включающие «фиксированный» платеж и «переменную» составляющую. Правильно определенные двухставочные тарифы формируют у потребителей стимулы экономить воду и в то же время обеспечивают экономическую устойчивость поставщиков. Возможное влияние на уязвимые домашние хозяйства можно и следует устранять путем принятия мер адресной социальной поддержки.

Содержание мероприятий

1. Увеличение тарифов на питьевую воду и услуги водоотведения и (или) повышение бюджетной поддержки предприятий водопроводно-канализационного хозяйства. В связи с наличием федеральных ограничений на рост совокупных платежей населения на коммунальные и жилищные услуги, увеличение финансового потока предприятиям водоснабжения и водоотведения может быть осуществлено путем:

- установления федеральными органами власти для республики повышенных предельных индексов при установлении тарифов на услуги ВКХ (учет особого статуса водного сектора РБ среди регионов РФ)

- привлечения дополнительного федерального финансирования в форме прямого бюджетного финансирования проектов и (или) в форме компенсаций упущенного дохода (из-за низких тарифов, не обеспечивающих восстановление основных фондов ВКХ РБ).

Несмотря на наличие потенциала повышения тарифов, оно затрудняется высокой политизацией вопроса, что снижает вероятность осуществимости этой меры. Низка и вероятность заметного роста прямого бюджетного финансирования.

2. Введение в Республике Бурятия двухставочных тарифов на питьевую воду и услуги водоотведения в виде следующих ставок:

- ставка (фиксированная месячная абонентская плата) на содержание централизованных систем холодного водоснабжения и водоотведения либо объектов, входящих в состав этих систем (ставка платы за содержание мощности)
- ставка за объем воды, поданной с использованием указанных систем (объектов), или принятых сточных вод, соответственно.

Необходимый объем затрат и фискальный эффект

Оценка минимально необходимого роста тарифов на услуги ВКХ составляет 40-60%, или порядка 480-720 млн. руб. дополнительной тарифной нагрузки в год по водоснабжению и водоотведению в ценах 2014 г. В случае повышения тарифных ставок не менее 1/3 роста тарифной нагрузки (160-240 млн. руб.) должна быть компенсирована за счет средств бюджетной системы. Бюджетная составляющая поддержки ВКХ, скорее всего, потребует участия федерального бюджета.

Реализация мер: уровень полномочий и связь с водной политикой Российской Федерации

Мероприятия (таблица 6.1) направлены на повышение эффективности УВР на БПТ. Мероприятие 1 реализуется федеральными (формирование правовых основ) и региональными (принятие конкретных тарифных решений и решений о бюджетной поддержке) органами власти. Мероприятие 2 полностью реализуется региональными органами государственной власти РБ.

Рекомендованные мероприятия могут осуществляться независимо друг от друга.

Таблица 6.1. **«Осуществимость» рекомендуемых мер и оцениваемые сроки реализации**

Наименование мероприятия	Достижимость	Сроки реализации	
		Исходя из содержания	Исходя из социальной и экономической приемлемости
Увеличение тарифов на питьевую воду и услуги водоотведения и (или) повышение бюджетной поддержки предприятий водопроводно-канализационного хозяйства	низкая	1 год	2-3 года
Введение в Республике Бурятия двухставочных тарифов на питьевую воду и услуги водоотведения	средняя	1 год	2-3 года

Источник: Собственные рекомендации и оценки авторов отчета.

Ожидаемый результат

- увеличение доли инвестиционной составляющей в тарифах организаций водоснабжения и водоотведения не менее чем до среднероссийского показателя (с существующих 11% до 18%)
- обеспечение возможности формировать и финансировать инвестиционные программы организаций ВКХ обеспечивающие восстановление основных фондов
- решение задач создания стимулов к экономии потребляемой воды и обеспечения достаточного финансового потока организациям водоснабжения и водоотведения.

6.2. Содействие введению платежей за воду для орошения сельскохозяйственных земель и обводнение пастбищ

Характеристика проблемы

Важнейшей проблемой в РБ в сфере ирригации является изношенность систем орошения, острый дефицит финансирования не только для модернизации и развития этих систем, но и для поддержания их нормальной деятельности и простого восстановления. Результатом недостатка финансирования оказывается деградация оросительных систем.

Основной объем финансирования систем орошения обеспечивается федеральным бюджетом. Взимаемая плата незначительна по сравнению с бюджетными финансированием и с потребностью в средствах на содержание системы (см. отчет #1). В соответствии с законодательством РФ, **услугой, предоставляемой системами мелиорации, является подача воды, в то время как плата за воду как ресурс не взимается.** Потребители (граждане, фермеры и юридические лица) вносят плату только за оказание услуг по подаче воды, при этом данная плата на порядок ниже фактических издержек ФГБУ «Бурятмелиорация», отвечающее в РБ за данную сферу деятельности.

Сложившаяся ситуация усугубляется отказом потребителей оплачивать услуги по подаче воды для орошения. Доля расходов на поливную воду в стоимости сельхозпродукции РБ составляет **менее 1%:** величина платы за подачу поливной воды, в среднем, составляет 2 тыс. руб. рублей с 1 га за сезон, а средняя стоимость продукции с 1 га – 222,4 тыс. руб. (в ценах 2012 г.). Однако, несмотря на низкие тарифы, предпринимаемые попытки повысить собираемость платежей сталкиваются с противодействием потребителей, а также глав местных администраций сельских муниципалитетов. При этом ФГБУ «Бурятмелиорация» зачастую не имеет действенных механизмов их принуждения к оплате (см. отчет #1).

Содержание мероприятий

Рекомендуется ввести плату за воду, используемую для орошения, как за ресурс, для физических и юридических лиц. Введение платы за поливную воду как за ресурс предлагается определить в качестве региональной пилотной инициативы РБ с возможностью последующего распространения данного опыта в других регионах России. Следует признать, что предлагаемый комплекс мероприятий требует заметных организационных усилий и является политически сложной задачей.

Несмотря на низкую вероятность реализации, данные мероприятия рекомендуются, так как отсутствие платы за воду искажает стимулы для водопользователей (стимулирует расточительный расход воды).

Для введения платы за воду, забираемую на орошение, как за ресурс, необходимо проведение следующих мероприятий.

1. Определение РБ в качестве пилотного региона по введению взимания платы за воду, используемую для орошения, как за ресурс.

2. Нормативное обеспечение внедрения платы за поливную воду как за ресурс, в РБ, в том числе:

- включение в федеральное законодательство положения о взимании платы за воду, используемую для орошения, как за ресурс
- предоставление возможности региональным органам власти принятия решений в отношении установления тарифов за использование воды в целях орошения
- издание совместного приказа Минсельхоза России и Минприроды России, устанавливающего порядок расчета ставок и величины платы за воду, используемую для орошения, как за ресурс.

Международный опыт (см. отчет #2) показывает, что существует два базовых варианта определения и установления платы за воду как за ресурс. Единицей платы за воду в зоне действия оросительно-обводнительных систем может являться как 1 кубометр воды (волюметрический метод), так и гектар орошаемой площади. Возможен также смешанный вариант, предполагающий установление **двухставочного тарифа** на воду, используемую для орошения. В этом тарифе будут учтены и цена воды как ресурса и затраты на забор и подачу поливной воды (забор и подачу воды для орошения, обводнения пастбищ и прочих потребностей в сельском хозяйстве). Именно он рекомендуется в долгосрочной перспективе.

3. Реализация в РБ пилотного проекта по взиманию с потребителей платы за воду на основе двухставочного тарифа. Реализация пилотного проекта включает определение размера тарифов, внедрение системы учета объемов поданной воды, проведение разъяснительных мероприятий с населением.

Отметим, что поскольку повышается финансовая нагрузка на сельхозпроизводителей, **необходимо уделить особое внимание увеличению других, более результативных мер поддержки сельского хозяйства** (например, поддержкс развития сельских дорог, сертификационных лабораторий и развитие инфраструктуры хранения и переработки сельскохозяйственной продукции). При этом вопросы развития мелиорации, повышения платы за воду и подачу воды необходимо рассматривать в контексте поддержки развития села и сельского хозяйства в целом. В данных рекомендациях **меры поддержки села и сельского хозяйства** не проработаны детально, поскольку эта тема стоит вне рамок проекта. Однако из международного опыта известно, что с позиции развития села и сельского хозяйства ряд альтернативных мер **часто оказываются намного более действенными, чем поддержка в виде заниженной цены на поливную воду.** К ним относятся: развитие дорожной инфраструктуры и систем ВСиВО в селах; создание системы сертификации сельскохозяйственной продукции, в частности, для экспорта; развитие инфраструктуры хранения и переработки сельскохозяйственной продукции; и поддержка кооперативных форм ведения сельского хозяйства.

4. Ужесточение административной ответственности за неоплату услуг по подаче поливной воды; и, в случае реализации мероприятий 1-3, воды как ресурса.

Необходимый объем затрат и фискальный эффект

Оценка эффекта от предлагаемых мероприятий по РБ может быть произведена только после принятия решения о параметрах изменения взимания платы. Данные параметры должны быть определены путем проведения специального анализа, выходящего за рамки настоящего отчета.

Реализация мер: уровень полномочий и связь с водной политикой Российской Федерации

В рамках пилотного проекта мероприятия (таблица 6.2) направлены на повышение эффективности УВР на БПТ. Мероприятие 4 является общим элементом водной политики России. Первый этап меры 1 (формирование правовых основ) реализуется федеральными и региональными органами власти. Выработанные решения в дальнейшем могут быть тиражированы в других регионах РФ.

Мероприятия 1-3 зависят друг от друга и осуществляются в рекомендованной последовательности. Мероприятие 4 может осуществляться обособленно.

Таблица 6.2. **«Осуществимость» рекомендуемых мер и оцениваемые сроки реализации**

Наименование мероприятия	Достижимость	Сроки реализации	
		Исходя из содержания	Исходя из социальной и экономической приемлемости
Определение РБ в качестве пилотного региона по введению взимания платы за воду, используемую для орошения, как за ресурс	низкая	2-3 года	4-5 лет
Нормативное обеспечение внедрения в РБ платы за поливную воду, как за ресурс			
Реализация в РБ пилотного проекта по взиманию с потребителей платы за поливную воду на основе двухставочного тарифа			
Ужесточение административной ответственности за неоплату услуг по подаче поливной воды	средняя	1 год	1 год

Источник: Собственные рекомендации и оценки авторов отчета.

Ожидаемый результат

- обеспечение достаточного объема финансирования для нормального функционирования, текущего ремонта и содержания и восстановления систем орошения в РБ
- формирование экономических стимулов к более эффективному использованию поливной водыаспространение опыта введения платы за воду, используемую для орошения, как за ресурс на другие регионы России.

Глава 7

Повышение результативности и объемов государственной поддержки водного хозяйства Бурятии

Государственная поддержка водного хозяйства Бурятии и Байкальской природной территории (БПТ) может быть кардинально улучшена, при этом внимание следует сосредоточить на результативных и эффективных мерах и реформировании или поэтапном упразднении тех из существующих инструментов, которые оказывают негативное влияние на водные ресурсы. С этой точки зрения в данной главе даются следующие рекомендации:

– регулярное проведение оценки регулирующего воздействия;

– частичное перераспределение средств федерального бюджета, выделяемых на бюджетные субсидии, на бюджетные трансферты (гранты) на цели выравнивания, и увеличение объема средств, выделяемых на последние;

– укрепление доходной базы местных органов публичной власти;

– создание целевого фонда поддержки БПТ; и

– направление средств бюджета на поддержку внедрения эффективной очистки сточных вод, с тем чтобы сделать возможным достижение стандартов качества водных объектов, расположенных на БПТ, а также развитие систем сбора и отведения ливневых вод, санитарных сооружений в домохозяйствах (туалеты, септики) для сокращения и очистки сбросов жидких бытовых отходов и неочищенных сточных вод в озеро Байкал.

7.1. Повышение результативности государственной поддержки водного хозяйства РБ и БПТ

Характеристика проблемы

Государственная поддержка водного сектора и БПТ в целом осуществляется в РБ в соответствии с общими нормами законодательства РФ. Существующая в РФ система обеспечивает целевое финансирование мероприятий и капитальных вложений. Однако ее сопоставление с международным опытом показывает, что острой проблемой российской системы является ее негибкость[1]. Основная часть средств федерального бюджета, направляемых в водный сектор РБ передается в виде субсидий и субвенций (целевых трансфертов, расходование которых осуществляется в жестких рамках). Следствием централизации основных полномочий является то, что региональные и местные органы власти часто не имеют возможности своевременно реагировать на изменение ситуации, выбирать более эффективные решения исходя из знания местной ситуации.

Крайне важной проблемой государственной политики в отношении РБ и БПТ является отсутствие экономической ответственности федеральных органов государственной власти при принятии решений. Проблема остро стоит в отношении регулирования особого режима природопользования и охраны природы на БПТ, следствием которого являются серьезные некомпенсируемые экономические потери региона. В рамках системы государственной поддержки водного хозяйства экономически оправданным было бы учитывать влияние данных ограничений.

Еще одной проблемой при принятии решений публичного сектора и их финансовом обеспечении является **слабая роль муниципальных образований**. Органы местного самоуправления, как правило, являются лишь исполнителями решений, принятых на федеральном и региональном уровнях власти, которые в основном финансируются за счет межбюджетных трансфертов. Финансовая и организационная слабость муниципалитетов – это системная проблема в РФ[2]. Данная проблема актуальна и для системы управления в РБ.

Содержание мероприятий

1. Установление в Законе «Об охране озера Байкал» и регулярное проведение процедуры оценки регулирующего воздействия данного Закона и подзаконных правовых актов на регионы БПТ (Республика Бурятия, Иркутская область, Забайкальский край).

Процедура оценки регулирующего воздействия (ОРВ) позволит сформировать официальную стоимостную оценку экономических потерь субъектов РФ, на территории которых расположена БПТ, от установленных федеральным законодательством требований, запретов и ограничений хозяйственной деятельности на БПТ. Результаты ОРВ рекомендуется учитывать при определении объема межбюджетных трансфертов из бюджета РФ в бюджет РБ. Оценка должна регулярно пересматриваться с учетом изменения социально-экономических условий на БПТ и законодательства РФ.

2. Частичный переход от федерального финансирования в форме бюджетных субсидий, предоставляемых в целях поддержки БПТ, к финансированию в форме дотации на выравнивание бюджетной обеспеченности, и увеличение объемов финансирования.

В отличие от бюджетных субсидий, направления расходования дотации на выравнивание бюджетной обеспеченности самостоятельно определяются органами государственной власти РБ. Рекомендуется частично перейти на форму дотаций на выравнивание, увеличив степень самостоятельности региональных органов власти, не отказываясь полностью от целевой поддержки важнейших проектов на БПТ с использованием субсидий.

3. Укрепление доходной базы местных бюджетов для более эффективного выполнения полномочий, связанных с УВР.

Укрепление доходной базы целесообразно обеспечить в отношении всех муниципальных образований РФ. Это предполагает изменение Налогового кодекса РФ и Бюджетного кодекса РФ, включая: установление возможности взимания курортного сбора на БПТ (и распределения поступлений от нее между муниципалитетами БПТ и целевым фондом поддержки Байкальской природной территории – см. раздел 7.2), установление повышающих коэффициентов при взимании земельного налога и налогов на имущество физических лиц – см. раздел 8.3). Кроме того, в РБ целесообразно провести анализ возможности передачи в местные бюджеты дополнительных поступлений от налогов, поступающих в региональный бюджет РБ (в частности, дополнительных нормативов отчислений от налога на доходы физических лиц).

Помимо указанных мероприятий, оптимизацию системы государственной поддержки водного сектора РБ рекомендуется осуществлять путем создания фонда поддержки БПТ, с выделением средств фонда в формате проектного финансирования (см. раздел 7.2).

По своему характеру мероприятия должны производиться в отношении всей территории БПТ, в том числе в Иркутской области.

Необходимый объем затрат и фискальный эффект

При переходе от федерального финансирования в форме бюджетных субсидий к дотациям на выравнивание бюджетной обеспеченности предлагается использовать результаты ОРВ при расчете объема данной дотации и увеличить объем выделяемых средств бюджета РФ. Исходя из оценки потерь РБ в 5-7% ВРП из-за установленных федеральным законодательством запретов и ограничений хозяйственной деятельности на БПТ (см. Отчет #1), объема ВРП РБ 183,8 млрд. руб. (2013 г.) и налоговой нагрузки на экономику в части налогов, направляемых в региональные и местные бюджеты (около 10%), ежегодный объем дотации РБ на выравнивание бюджетной обеспеченности может составить порядка 2-2,5 млрд. руб. в ценах 2014 г., в том числе:

- 0,9-1,2 млрд. руб., дополнительно выделяемых по отношению к существующему финансированию средств (компенсация экономического ущерба БПТ);
- 111,5 млрд. руб. – перечисление в форме дотаций трансфертов, которые ранее перечислялись в форме бюджетных субсидий.

Значительные объемы необходимых финансовых ресурсов, а также несоответствие мероприятий идеологии и практике развития бюджетного законодательства в предшествующие годы определяют их низкую достижимость в ближайшие годы.

Реализация мер: уровень полномочий и связь с водной политикой Российской Федерации

Мероприятия, очерченные в таблице 7.1, реализуются федеральными органами власти. Рекомендованные мероприятия могут осуществляться независимо друг от друга.

Мероприятия 1-2 в предложенном виде направлены на повышение эффективности УВР на БПТ. В перспективе аналогичные мероприятия могут быть реализованы и при поддержке иных территорий и объектов. Мероприятие 3 осуществляется в отношении всех муниципальных образований РФ.

Таблица 7.1. **«Осуществимость» рекомендуемых мер и оцениваемые сроки реализации**

Наименование мероприятия	Достижимость	Сроки реализации	
		Исходя из содержания	Исходя из социальной и экономической приемлемости
Установление в Законе «Об охране озера Байкал» и регулярное проведение процедуры оценки регулирующего воздействия Закона и подзаконных правовых актов на регионы БПТ	низкая	1-2 года	2-3 года
Частичный переход от федерального финансирования в форме бюджетных субсидий, предоставляемых в целях поддержки БПТ, к финансированию в форме дотации на выравнивание бюджетной обеспеченности, и увеличение финансирования	низкая	1-2 года	2-3 года
Укрепление доходной базы местных бюджетов, в том числе для более эффективного выполнения ими полномочий, связанных с УВР	низкая	1-2 года	2-3 года

Источник: Собственные рекомендации и оценки авторов отчета.

Ожидаемый результат

- ежегодное проведение оценки регулирующего воздействия федеральной нормативной базы, устанавливающей требования к ведению хозяйственной и иной деятельности на БПТ
- увеличение финансирования РБ из федерального бюджета, прежде всего в форме ежегодных трансфертов на цели выравнивания из федерального бюджета в бюджет РБ, увеличение бюджетной обеспеченности, финансовой самостоятельности и устойчивости муниципальных бюджетов РБ и РФ.

7.2. Создание целевого фонда поддержки БПТ

Характеристика проблемы

Как отмечено в разделе 7.1, система государственной поддержки водного сектора РФ регулируется общими нормами федерального законодательства и является негибкой. При этом Бюджетный кодекс РФ практически исключает целевое использование средств, мобилизованных в виде налогов и сборов (исключения не относятся к водному сектору).

Между тем международный опыт применения экономических инструментов УВР показывает целесообразность создания целевых фондов (бюджетных и внебюджетных) для поддержки водного сектора. Такие фонды позволяют обеспечить более высокий статус соответствующей задаче, гарантировать минимальный объем финансирования, обеспечить устойчивость решения важных долгосрочных задач (основные задачи поддержки БПТ не могут быть решены за срок работы выборных лиц или срок выполнения федеральных целевых программ). Также хорошей практикой, наиболее достижимой именно при целевом финансировании, является балансировка регулирующих эффектов экономических инструментов и поступлений от них (см. Отчет #2).

Проблемой, которая может быть решена в рамках создания целевого фонда, на деятельность которого не будет распространяться нормы бюджетного законодательства, также является поддержка привлечения заемных средств для финансирования водной инфраструктуры. Низкая доступность долгосрочных и приемлемых по стоимости кредитных ресурсов является одной из ключевых проблем экономики России в целом. В контексте БПТ, эта проблема мешает водохозяйственным предприятиям и иным водопользователям и загрязнителям водных ресурсов переходить на более экологичные (и обычно менее ресурсоемкие) технологии. Международная практика государственной поддержки показывает, что эффективной политикой государства является прямое кредитование организаций на нерыночных, льготных условиях (в отдельных случаях – с частичным прощением долга). Действующее законодательство РФ запрещает прямое кредитование хозяйствующих субъектов из бюджета. В связи с этим внедрение системы прямого кредитования требует специальной структуры, деятельность которой регулируется специальным законодательством, а не общими нормами публичного права.

Содержание мероприятий

В целях совершенствования системы поддержки Байкальской природной территории рекомендуется сформировать целевой фонд поддержки Байкальской природной территории, имеющий собственные доходные источники и полномочия расходования средств. Исходя из задач данной структуры и существующих в РФ организационно-правовых форм юридических лиц, данный фонд предлагается создать в форме государственной корпорации (ГК) – не имеющей членства некоммерческой организации, учрежденной РФ на основе имущественного взноса и созданной для осуществления социальных, управленческих или иных общественно полезных функций.

Общие принципы деятельности ГК установлены Федеральным законом от 12.01.1996 № 7-ФЗ «О некоммерческих организациях». Каждая государственная корпорация создается на основании отдельного федерального закона, устанавливающего особенности их деятельности. ГК могут исполнять правотворческие функции. Существующие сегодня ГК не аккумулируют налоги и сборы, однако установление такой функции в отношении ГК достижимо (в отличие от акционерных обществ и иных хозяйствующих субъектов).

Таким образом, организационно-правовая форма ГК считается более гибкой и эффективной по сравнению с прочими доступными альтернативами, педусмотренными российским законодательством. Она гибче, чем, например, создание специального государственного органа, поскольку позволяет накапливать и использовать целевым образом средства. Вместе с тем ГК представляет собой структуру, контролируемую государством, поэтому она может эффективно участвовать в законотворческом и бюджетном процессах.

Рекомендуемая к созданию государственная корпорация является эффективной «организационной оболочкой» для выполнения ряда мероприятий, предложенных в настоящем отчете. В этой связи в данной рекомендации представлены только мероприятия по созданию ГК, а также отдельно выделенное мероприятие по поддержке водного сектора на основе льготных кредитов, предоставляемых на конкурентной основе.

1. Создание Государственной корпорации – Фонд поддержки Байкальской природной территории, правовое, организационное, финансовое обеспечение ее деятельности. Создание предполагает принятие соответствующего федерального закона, внесение имущественного взноса из бюджета РФ, формирование организационной структуры и органов управления. Органы управления ГК целесообразно связать с Межведомственной комиссией по вопросам охраны озера Байкал.

Бюджет: рекомендуемая к созданию ГК будет формировать бюджет за счет:

- имущественного взноса Российской Федерации в уставной капитал (разового или регулярно перечисляемого)
- рентных платежей за использование водных ресурсов Байкала для выработки электроэнергии Ангарским каскадом ГЭС (см. раздел 5.6) – эти платежи рекомендуется полностью аккумулировать в ГК
- перечислений из бюджетов РФ, субъектов РФ и муниципальных образований, на территории которых расположена БПТ, в частности процента поступлений от рекомендуемого к установлению на БПТ курортного сбора (ориентировочно 30-50% собранных сумм)[3], а также поступлений от сбора (налога) на токсичные агрохимикаты и синтетические моющие средства, используемые на БПТ) (см. раздел 4.4).

Кроме того, в бюджет государственной корпорации могут перечисляться часть выручки от оказания экосистемных[4] услуг на территории РБ (исходя из специально установленных требований).

Перечень источников формирования целевого фонда поддержки БПТ рекомендуется сформировать на основе специального исследования.

Основные направления деятельности (расходования средств) ГК могут включать:

- поддержку модернизации и развития водного сектора на основе льготных кредитов, предоставляемых на конкурентной основе
- финансирование проектов по сбору, вывозу и безопасному размещению коммунальных отходов, образующихся на Байкальской природной территории (см. раздел 4.5)
- финансирование проектов по развитию эколого-ориентированных видов деятельности (см. раздел 5.4)
- финансирование природоохранных мероприятий, в том числе очистки сточных вод и экологической реабилитации водных ресурсов, ущерб которым был причинен хозяйственной деятельностью в прошлом.

Указанные источники доходов и направления расходов не являются исчерпывающими и могут дополняться по мере развития ГК и УВР.

2. Формирование государственной корпорацией системы поддержки водного сектора на основе льготных кредитов, предоставляемых на конкурентной основе.

Предлагаемая система поддержки направлена на повышение доступности долгосрочных заемных средств на льготных условиях, а в отдельных случаях, должна обеспечить предоставление средств на безвозвратной основе (поддержка "зеленых" компонентов проектов). Основными объектами поддержки будут предприятия ВКХ и иные загрязнители водных ресурсов. Предполагается, что данная система поддержки будет носить проектный характер, что позволит четко оценивать затраты и выгоды, генерируемые соответствующими объектами.

С учетом международного опыта деятельности подобных структур, при оказании поддержки рекомендуется обратить особое внимание на:

- конкурентный характер предоставления средств (сопоставление конкурсной комиссией проектов, претендующих на получение средств)
- гибкость процедур предоставления кредитных средств и изменения условий кредитования в случае изменения ключевых факторов, формирующих условия деятельности займополучателей
- долгосрочную оценку социально-экономических и экологических эффектов проектов, сопоставление ситуации в случае реализации и не реализации проекта[5]
- стимулирование межмуниципального сотрудничества и кооперации при реализации проектов с целью создания эффекта «экономии от масштаба» и повышения экономической эффективности проектов.

При создании и обеспечении деятельности ГК – Фонд поддержки Байкальской природной также целесообразно учесть опыт деятельности ГК – Фонд содействия реформированию жилищно-коммунального хозяйства, созданной в 2007 г. В частности, важно учесть накопленный опыт процедур финансовой поддержки юридических лиц.

Необходимый объем затрат и фискальный эффект

Годовой бюджет ГК может составить не менее 2-3 млрд. руб. в ценах 2014 г. на первом этапе деятельности, в том числе бюджет поддержки водного сектора на БПТ на основе льготных кредитов, предоставляемых на конкурентной основе, до 1 млрд. руб. Средства, предоставляемые на возвратной основе, должны возмещаться за счет доходов (в т.ч. тарифной выручки) организаций получателей средств. Источником предоставляемых на безвозвратной основе средств может быть только бюджетная система РФ, прежде всего, федеральный бюджет. В результате деятельности ГК, ожидается повышение темпов роста ВРП и доходов консолидированного бюджета РБ и Иркутской области.

Реализация мер: уровень полномочий и связь с водной политикой Российской Федерации

Мероприятия реализуются федеральными органами власти. Органы государственной власти Республики Бурятия, а также органы государственной власти Иркутской области должны активно участвовать к реализации мероприятий, очерченных в таблице 7.2.

Таблица 7.2. **«Осуществимость» рекомендуемых мер и оцениваемые сроки реализации**

Наименование мероприятия	Достижимость	Сроки реализации: Исходя из содержания	Сроки реализации: Исходя из социальной и экономической приемлемости
Создание Государственной корпорации – Фонд поддержки Байкальской природной территории, правовое, организационное, финансовое обеспечение ее деятельности	низкая	1-2 года (первый этап); 3-4 года (вся уставная деятельность)	1-2 года (первый этап); 3-4 года (вся уставная деятельность)
Формирование государственной корпорацией системы поддержки водного сектора на БПТ на основе льготных кредитов, предоставляемых на конкурентной основе		2-3 года	2-3 года

Источник: Собственные рекомендации и оценки авторов отчета.

Указанные мероприятия взаимосвязаны и осуществляются в рекомендованной последовательности.

Ожидаемый результат

- повышение результативности государственной поддержки водного сектора и содействия устойчивому развитию БПТ и РБ в целом на основе создания Государственной корпорации – Фонд поддержки Байкальской природной территории
- формирование Государственной корпорацией системы поддержки водного сектора на БПТ на основе льготных кредитов, предоставляемых на конкурентной основе
- повышение темпов роста ВРП и доходов консолидированного бюджета РБ.

7.3. Облегчение и поддержка внедрения очистки сточных вод для достижения установленных стандартов качества водных объектов на БПТ

Характеристика проблемы

В настоящее время отдельные организации водоснабжения и водоотведения в РБ не имеют разрешений на сброс стоков в водные объекты, поскольку разработанные ими проекты нормативов допустимых сбросов веществ и микроорганизмов не согласованы в установленном порядке. Отсутствие согласования связано с тем, что технические возможности эксплуатируемых очистных сооружений не позволяют обеспечить требования санитарных норм и правил очистки сточных вод, а финансовые возможности модернизации отсутствуют (подробнее см. отчет #1 и раздел 6.1. настоящего отчета).

Содержание мероприятий

1. Разработка пакета типовых технических решений, обеспечивающих достижение нормативов качества очистки стоков, и рекомендация их к внедрению.

Наличие такого пакета сократит затраты водопользователей, прежде всего, предприятий ВКХ, на подготовку соответствующих проектов.

2. Реализация пакета проектов на территории РБ, предполагающих поэтапное достижение нормативов качества воды, сбрасываемой в водные объекты. Данное мероприятие включает:

- утверждение органами государственной власти РБ порядка софинансирования проектов по модернизации станций очистки сточных вод
- разработка и реализация проектов модернизации очистных сооружений.

Отметим, что ряд важных мероприятий данного блока, в частности в г. Улан-Удэ, включен в ФЦП «Охрана озера Байкал и социально-экономическое развитие Байкальской природной территории». В целом, основным барьером для реализации пакета мероприятий является отсутствие необходимых средств. Финансирование может осуществляться из бюджетов всех уровней (муниципального, регионального, федерального); также возможно участие предлагаемого целевого фонда поддержки БПТ в финансировании данных проектов (см. раздел 7.2).

Необходимый объем затрат и фискальный эффект

Стоимость выполнения соответствующих работ можно оценить в 1000-1500 млн. руб. (экспертная оценка исходя из стоимости сопоставимых объектов в РФ).

Реализация мер: уровень полномочий и связь с водной политикой Российской Федерации

Мероприятия (таблица 7.3) реализуются на региональном уровне с привлечением финансирования из федерального бюджета и средств целевого фонда поддержки БПТ, в случае его создания. Рекомендованные мероприятия могут осуществляться независимо друг от друга.

Таблица 7.3. **«Осуществимость» рекомендуемых мер и оцениваемые сроки реализации**

Наименование мероприятия	Достижимость	Сроки реализации: Исходя из содержания	Сроки реализации: Исходя из социальной и экономической приемлемости
Разработка пакета типовых технических решений, обеспечивающих достижение нормативов качества очистки стоков, и рекомендация их к внедрению	средняя	1-2 года	1-2 года
Реализация пакета проектов на территории РБ, предполагающих поэтапное достижение нормативов качества воды, сбрасываемой в водные объекты	средняя	3-4 года	5-7 лет

Источник: Собственные рекомендации и оценки авторов отчета.

Ожидаемый результат

- обеспечение требований законодательства РФ к составу и свойствам вод сбрасываемых в водные объекты, снижение объемов сбросов загрязняющих веществ в бассейне озера Байкал.

7.4. Поддержка развития систем сбора и отведения ливневых вод, местных систем водоотведения, сокращения сбросов жидких бытовых отходов в озеро Байкал

Характеристика проблемы

Централизованные ливневые системы водоотведения предназначены для приема дождевых, талых, инфильтрационных, поливомоечных, дренажных вод. В РБ система ливневой канализации для сбора поверхностных стоков ливневых и талых вод имеется только в г. Улан-Удэ, где ею обеспечено лишь 2,8% протяженности городской улично-дорожной сети. Пропускная способность системы не соответствует фактическим объемам поступающих стоков, ливневые стоки сбрасываются в реки Селенга и Уда без очистки.

Согласно Федеральному закону от 06.10.2003 № 131-ФЗ «Об общих принципах организации местного самоуправления в Российской Федерации» организация водоотведения, в том числе через централизованные ливневые системы водоотведения, является полномочием органов местного самоуправления. Федеральная нормативная правовая база устанавливает обязательность применения ливневой канализации как элемента территориальной инженерной защиты от подтопления[6]. Однако г. Улан-Удэ, как и подавляющая часть муниципальных образований РФ, не обладает финансовыми ресурсами, необходимыми для выполнения установленных требований.

Значимым фактором загрязнения водных ресурсов озера Байкал является локальное водоотведение в прибрежной зоне и реках, впадающих в оз. Байкал на территории РБ. Кроме того в отдельных районах существует проблема сброса жидких бытовых отходов в Байкал. По Водному кодексу РФ запрещается сброс сточных, в том числе дренажных, вод в водные объекты, содержащие природные лечебные ресурсы, а также отнесенные к особо охраняемым водным объектам. Кодексом РФ об административных правонарушениях предусмотрены штрафные санкции за нарушение правил сброса сточных вод в водные объекты. Однако, как показывает практика, для решения указанных проблем административного принуждения недостаточно, требуются экономические меры.

Содержание мероприятий

1. Поддержка развития систем ливневой канализации в г. Улан-Удэ, в том числе:

- включение органами местного самоуправления города в перечень мероприятий схем водоснабжения и водоотведения работ по реконструкции и развитию систем ливневой канализации
- разработка, утверждение и реализация Программы развития систем ливневой канализации на территории города Улан-Удэ с использованием средств государственной корпорации – целевого фонда поддержки Байкальской природной территории (см. раздел 7.2).

2. Развитие локального водоотведения в прибрежной зоне и реках, впадающих в оз. Байкал, в том числе:

- разработка и утверждение схемы водоотведения и централизованной очистки сточных вод на БПТ органами власти Республики Бурятия
- разработка, утверждение и реализация региональной программы реконструкции и строительства централизованных систем водоотведения на БПТ с использованием средств государственной корпорации — целевого фонда поддержки Байкальской природной территории.

3. Запрет использования на БПТ выгребных ям и септиков, не оборудованных локальной системой очистки сточных вод.

Реализация данного мероприятия осуществляется путем внесения изменений в федеральное законодательство с установлением обязательного переходного периода (не менее 3-5 лет). Кроме того, обязательным аспектом мероприятия является утверждение порядка оказания адресной помощи домохозяйствам с низкими доходами, которые будут вынуждены строить туалеты с септиками, имеющими локальную систему очистки сточных вод. Помощь указанным домохозяйствам осуществляется за счет регионального бюджета и средств целевого фонда поддержки БПТ в случае его создания.

Необходимый объем затрат и фискальный эффект

Стоимость выполнения Мероприятия 1 можно оценить в 1 млрд. руб. В то же время, по ориентировочным расчетам, выполненным по укрупненным расценкам, в рамках ТЭО инженерной защиты г. Улан-Удэ от наводнений и паводков, разработанного в девяностые годы, стоимость строительства сетей и объектов ливневой канализации с очистными сооружениями составляла свыше 17 млрд. руб. в ценах 2012 г., учитывая сложность рельефа, зимние условия, обеспечение сейсмобезопасности, протяженность сетей и др. Мероприятие 2 можно оценить в около 500 млн. руб.; мероприятие 3 – около 500 млн. руб. (экспертная оценка исходя из стоимости сопоставимых объектов в РФ).

Значительные объемы необходимых финансовых ресурсов определяют низкую достижимость мероприятий в ближайшие годы.

Реализация мер: уровень полномочий и связь с водной политикой Российской Федерации

Мероприятия 1-2 (см. таблицу 7.4) реализуются на региональном уровне с привлечением финансирования из федерального бюджета и средств целевого фонда поддержки Байкальской природной территории, в случае его создания. Мероприятие 3 реализуется федеральными (внесение изменений в законодательство РФ) и региональными (реализация на территории РБ) органами власти. Все мероприятия направлены на повышение эффективности УВР на БПТ и могут осуществляться независимо друг от друга.

Таблица 7.4. **«Осуществимость» рекомендуемых мер и оцениваемые сроки реализации**

Наименование мероприятия	Достижимость	Сроки реализации	
		Исходя из содержания	Исходя из социальной и экономической приемлемости
Поддержка развития систем ливневой канализации в г. Улан-Удэ	низкая	3-4 года	3-4 года
Развитие локального водоотведения в прибрежной зоне и реках, впадающих в оз. Байкал	низкая	3-4 года	3-4 года
Запрет использования на БПТ выгребных ям и септиков, не оборудованных локальной системой очистки сточных вод	низкая	3-5 лет	5-7 лет

Источник: Собственные рекомендации и оценки авторов отчета.

Ожидаемый результат

- улучшение экологической ситуации в водном секторе РБ, предотвращение подтопления территорий муниципальных образований ливневыми стоками;
- предотвращение загрязнения ливневыми стоками и сточными водами из выгребных ям и септиков рек водных ресурсов бассейна озера Байкал.

Примечания

1. Подробнее см. раздел 5 отчета #1 и раздел 6 отчета #2.
2. См., например, Жигалов Д.В. и Перцов Л.В. (2011).
3. Возможность установления курортного сбора в ближайшее время может появиться в федеральном законодательстве. Тем не менее в отношении распределения поступлений от него между муниципальными образованиями БПТ и ГК потребуется установление специальных правовых норм.
4. В случае предоставления экосистемных услуг частными субъектами за счет частных ресурсов все поступления, несомненно, являются их собственными доходами; но, если экосистемные услуги предоставляются государственными экосистемами или государственными субъектами, соответствующие поступления вполне могут (и должны) направляться в государственный бюджет или ГК, которую предлагается учредить.
5. Рекомендуется использовать соответствующий опыт Австрии, рассматриваемый в разделе 6 отчета #2.
6. См. Федеральный закон «Технический регламент о безопасности зданий и сооружений» (№ 384-ФЗ, 30.12.2009) и распоряжение Правительства РФ «Инженерная защита территорий, зданий и сооружений от опасных геологических процессов. Общие положения» (№ 1047-р, 21.06.2010, СНиП 22 февраля 2003 года).

Ссылки

Жигалов Д.В. и Перцов Л.В. (2011), «Финансовые основы местного самоуправления: итоги 2000-х годов» // Бюджет, № 7, 2011.

Правительство Российской Федерации, постановление «О федеральной целевой программе «Охрана озера Байкал и социально-экономическое развитие Байкальской природной территории на 2012-2020 годы» (21 августа 2012 года, № 847).

Правительство Российской Федерации, распоряжение «Инженерная защита территорий, зданий и сооружений от опасных геологических процессов. Общие положения» (№ 1047-р, 21.06.2010, СНиП 22 февраля 2003 года).

Федеральный закон «Технический регламент о безопасности зданий и сооружений» (№ 384-ФЗ, 30.12.2009).

Федеральный закон «О некоммерческих организациях» (№ 7-ФЗ, 12 января 1996 года).

Федеральный закон «Об общих принципах организации местного самоуправления в Российской Федерации».

Глава 8

Инструменты более эффективного управления рисками, связанными с водными ресурсами, в Бурятии

В контексте управления водными ресурсами в Бурятии одной из наиболее острых проблем является неэффективное управление рисками, создаваемыми опасностями, связанными с водными ресурсами. Для решения этой проблемы в данной главе рекомендуется:

(i) разграничить Байкальскую природную территорию (БПТ) на «красную», «желтую» и «зеленую» зоны в соответствии с вероятностью чрезвычайных происшествий, связанных с водными ресурсами, и размером потенциального ущерба;

(ii) применять в каждой зоне специальные инструменты управления рисками, в частности, следующие:

– более жесткий надзор за соблюдением запрета на новые проекты гражданского строительства на территориях, подверженных чрезвычайно высокому риску негативного воздействия вод («красная зона»);

– стимулирование обязательного страхования от риска негативного воздействия вод, в «желтой зоне»;

– дифференциация ставок земельного налога и налога на имущество с учетом наличия инфраструктуры защиты поселений от негативного воздействия вод; и

– введение обязательного страхования от некритических рисков для водных ресурсов и экосистем на БПТ.

Селевой поток, сошедший недавно в Бурятии из-за порыва высокогорного озера, указал на неэффективность управления рисками негативного воздействия вод.

Как было показано на предыдущих этапах работы (см. отчеты #1 и #2), риски, связанные с водными ресурсами, могут быть разделены на две основные группы: экологические риски для водных ресурсов и связанных с ними экосистем и биоразнообразия, а также риски негативного воздействия вод (ветровые нагоны, сели, наводнения и подтопления, и др.).

Управление данными рисками предполагает обеспечение безопасности, как водных ресурсов, так и населения, проживающего рядом с водными объектами. В узком смысле управление рисками представляет собой создание системы и применение механизмов мониторинга, оценки и предотвращения или снижения соответствующих рисков, а также минимизации связанного с ними ущерба. Такая система должна обеспечивать комплексную и систематическую деятельность по управлению рисками и формировать стимулы для снижения вероятности наступления рисков и минимизации связанного с ними ущерба.

В контексте рисков, связанных с водными ресурсами, в Республике Бурятия наиболее остра проблема недостаточного уровня управления рисками негативного воздействия вод.

В рамках данной группы рекомендаций по **управлению рисками негативного воздействия вод** предлагается разработать и внедрить единую классификацию территорий РБ, подверженных негативному воздействию вод, по степени вероятности чрезвычайных происшествий, связанных с водой, и потенциальной величины возможного ущерба, с выделением трех зон:

- «красная зона» – территории, на которых риск негативного воздействия вод и возможный ущерб чрезвычайно высоки и неприемлемы
- «желтая зона» – территории, на которых указанный риск высок и возможные ущерб значителен (но не катастрофичен)
- «зеленая зона» – территории, на которых указанный риск и возможный ущерб невелики.

Данный подход является комплексным и включает совершенствование системы предотвращения и ликвидации последствий селей, наводнений и подтоплений. Какой уровень риска и возможного ущерба считается большим, приемлемым и неприемлемым – это политическое решение, которое целесообразно принять в ходе диалога с заинтересованными сторонами в РБ.

Для управления риском негативного воздействия вод в каждой из указанных зон предлагаются свои инструменты, а именно следующие.

В «**красной зоне**» — действуют прямые запреты и ограничение на новое строительство, а также вводится обязательное страхование существующих объектов недвижимости и жизни проживающих или работающих там людей (см. раздел 8.1).

В «**желтой зоне**» — вводится обязательное страхование существующих объектов недвижимости и жизни проживающих или работающих там людей (см. раздел 8.2).

В «**зеленой зоне**» указанные выше запреты и правила не действуют, но поощряется добровольное страхование жизни и имущества.

Международный опыт (см. отчет #2) и недостаточный уровень развития рынка коммерческого страхования в РФ, приводят к тому, что единственно реалистичной формой страхования риска негативного воздействия вод будет **государственное страхование**. Кроме того, оценку степени подверженности территорий РБ негативному воздействию вод целесообразно учесть при установлении ставок налогов на землю и на имущество, повысив данные ставки в части объектов земельных участков и недвижимости, находящихся пределах «красной» и «желтой» зон (см. раздел 8.3).

Для управления рисками для водных ресурсов и связанных с ними экосистем и биоразнообразия, предлагается введение на БПТ системы обязательного страхования указанных рисков и связанной с ними ответственности за ликвидацию и полное возмещение ущерба окружающей среде и третьим лицам (см. раздел 8.4).

8.1. Более жесткий надзор за соблюдением запрета на новое строительство на территориях, подверженных чрезвычайно высокому риску негативного воздействия вод

Характеристика проблемы

Для Республики Бурятия характерны высокая вероятность наводнений, селей, наледей, речной и овражной эрозии, заболачивания, заиления русел, создающие чрезвычайные ситуации и наносящие ущерб населению и экономике республики. На большинстве рек значительные скорости течения (2,2-3,0 м/сек), большие уклоны рек, узкие долины предопределяют резкий подъем воды в реках в период дождей. Катастрофические паводки приводят к затоплению более 300 населенных пунктов РБ, в том числе 17 крупных поселений, сельхозугодий, разрушению мостов, жилых объектов, линий электропередач и связи, размыву автомобильных дорог, смыву плодородных почв и заилению русел рек. Согласно государственной программе РБ «Охрана окружающей среды и рациональное использование природных ресурсов» на территории в зонах негативного воздействия вод проживает 196,3 тыс. человек, то есть около 20% населения. Число пострадавших от наводнений потенциально может составить около 15% общей численности населения РБ.

Наиболее сложная ситуация имеет место в г. Улан-Удэ. Наибольший ущерб был отмечен в 1993 г., когда была затоплена вся левобережная часть города. В зону затопления попали более 9000 дачных участков, 8250 домов, 36 тыс. га сельскохозяйственных угодий, 60 ферм, 250 км дорог, 58 мостов, 1800 км линий связи, 2800 км линий электропередач.

Освоение территорий с учетом особого режима хозяйственной деятельности на БПТ в сложных инженерно-геологических, природно-климатических условиях регламентируется Градостроительным Уставом РБ. Схемой территориального планирования РБ определены, в частности, зоны с особыми условиями использования и границы территорий, подверженных риску возникновения чрезвычайных ситуаций природного и техногенного характера, предусмотрены ограничения строительства в зонах подтопления и катастрофического затопления с указанием зонирования территории.

Контроль соблюдения запрета на новое строительство на территориях, подверженных наводнениям и подтоплениям, должен осуществляться при разработке и реализации документов территориального планирования и градостроительного проектирования. В настоящее время в РБ **действует запрет** на новое строительство на территориях, подверженных наводнениям и подтоплениям, **но данный запрет массово нарушается**.

Содержание мероприятий

1. Усиление ответственности за нарушение запрета на новое строительство на территориях, подверженных высокому риску негативного воздействия вод. Мероприятие осуществляется путем внесения изменений в Кодекс РФ об административных правонарушениях и, при необходимости, другие нормативные правовые акты.

2. Проведение информационных кампаний и регулярной разъяснительной работы с населением и юридическими лицами о риске негативного воздействия вод. Данная деятельность реализуется путем размещения в СМИ данных о затапливаемых территориях, опасных для проживания и ведения хозяйственной деятельности, о величине соответствующих рисков и возможного ущерба при их материализации.

Необходимый объем затрат и фискальный эффект

Мероприятия могут быть реализованы в рамках текущей деятельности органов публичной власти, прямые затраты в их отношении отсутствуют. Оценка результатов и их финансового эффекта требует специальных исследований и анализа, выходящих за рамки настоящей работы.

Реализация мер: уровень полномочий и связь с водной политикой Российской Федерации

Очерченные меры (таблица 8.1) являются одним из компонентов водной политики РФ. Мероприятие по усилению ответственности за нарушение запрета на новое строительство на территориях, подверженных высокому риску негативного воздействия вод реализуются федеральными органами власти. Мероприятия по усилению контроля соблюдения запрета на новое строительство на территориях, подверженных высокому риску негативного воздействия вод, в пределах БПТ в РБ реализуются органами публичной власти РБ.

Рекомендованные мероприятия могут осуществляться независимо друг от друга.

Таблица 8.1. **«Осуществимость» рекомендуемых мер и оцениваемые сроки реализации**

Наименование мероприятия	Достижимость	Сроки реализации	
		Исходя из содержания	Исходя из социальной и экономической приемлемости
Усиление ответственности за нарушение запрета на новое строительство на территориях, подверженных высокому риску негативного воздействия вод	средняя	1-3 года	1-3 года
Проведение информационных кампаний и регулярной разъяснительной работы с населением и юридическими лицами о риске негативного воздействия вод	высокая	1-2 года	1-2 года

Источник: Собственные рекомендации и оценки авторов отчета.

Ожидаемый результат

- снижение числа случаев нарушения запрета на новое строительство на территориях, подверженных наводнениям и подтоплениям, увеличение поступлений в бюджет в случае сохранения ситуации с нарушением запрета
- повышение уровня информированности населения и хозяйствующих субъектов о границах территорий, подверженных наводнениям и подтоплениям, и уменьшение экономических потерь от негативного воздействия вод.

8.2. Стимулирование системы обязательного страхования от риска негативного воздействия вод на БПТ

Характеристика проблемы[1]

Важной составной частью и ключевым экономическим инструментом управления риском негативного воздействия вод является страхование от подобных рисков. Характеризуясь низкой вероятностью наступления, эти риски нередко имеют очень серьезные последствия.

Однако, как показывает международный опыт, возможности коммерческого страхования рисков стихийных бедствий достаточно ограничены и требуют существенных затрат. Система страхования от рассматриваемых рисков также связана с известной проблемой «морального риска» и «неблагоприятного отбора» (вход в программу людей с наиболее высокими рисками и вытеснение менее подверженных риску участников из-за слишком высокой страховой премии). Сами подобные риски слабо поддаются географической диверсификации, что ограничивает традиционное для страхового сектора моделирование потерь и определение адекватной величины страховой премии (то есть инструменты традиционного страхования).

Тем не менее, исходя из международной практики, введение системы обязательного страхования некритических рисков негативного воздействия вод может серьезно повысить эффективность управления этими рисками на БПТ.

В связи с отмеченными «провалами рынка», страхование риска негативного воздействия вод, как правило, осуществляется в рамках государственного, а не частного сектора. Базовые страховые ставки устанавливаются государством и могут дополнительно варьироваться в зависимости от страхового агента. В тех случаях, когда объекты собственности находятся в зоне высокого риска селей, наводнений и подтоплений, соблюдение требований к снижению рисков влечет за собой значительные затраты для их владельцев. Это дестимулирует строительство новых объектов в зоне высокого риска.

Внедрение системы обязательного страхования риска негативного воздействия вод должно быть основано на анализе статистики наводнений и подтоплений. В частности, система страхования должна учитывать разную вероятность негативного воздействия вод и, в обязательном порядке, деятельность страхователей по снижению риска негативного воздействия вод и ущерба от его реализации, стимулировать принятие превентивных мер. Это соответствует международному опыту, который следует учитывать и в Республике Бурятия, в случае принятия решения о внедрении подобной системы страхования.

Содержание мероприятий

1. Внесение в акты федерального природоохранного законодательства положений о создании на БПТ пилотной системы обязательного страхования риска негативного воздействия вод. Система страхования должна покрывать риски для жизни и здоровья людей, проживающих или работающих в зонах высокого риска, а также для недвижимого имущества и запасов товарно-материальных ценностей, расположенных в таких зонах. При необходимости, соответствующие изменения также вносятся в подзаконные федеральные акты.

Система страхования должна быть тесно увязана с системой государственных компенсаций за ущерб имуществу населения, наносимый негативным воздействием вод. В Отчете #1 было отмечено, что полный отказ от таких компенсаций невозможен. Отрицательной стороной компенсационных государственных выплат является отсутствие «ценовых сигналов» для людей, живущих в опасных зонах, а также существенные бюджетные затраты и потери. В этой связи, целесообразно дополнить страхование другими инструментами, которые такие сигналы подают – например, в виде повышенных ставок налога на землю и налогов на имущество на территориях, подверженных высокому риску негативного воздействия вод (см. раздел 8.3).

В долгосрочном плане, возможным механизмом может стать включение страховой премии по государственному страхованию объектов недвижимости в ставки налога на землю и налогов на имущество. Такое включение будет автоматически приводить к повышению ставок, подавая владельцам требуемый ценовой сигнал. Данный механизм является примером переноса мирового опыта комплексных экономических инструментов УВР. Однако реализация этого перспективного механизма возможна только в случае системного изменения налогового законодательства РФ.

Также рекомендуется использовать ограничение сумм выплат по страховым случаям, когда ущерб делится между страховщиком (государством) и застрахованным лицом – это заставляет экономических агентов лучше учитывать риски проживания или приобретения активов в зонах высокого риска негативного воздействия вод.

2. Введение на БПТ пилотной комплексной системы обязательного страхования риска негативного воздействия вод. Внедрение системы включает:

- разработку методики определения и оценки рисков негативного воздействия вод и подходов к их мониторингу (в том числе целевого набора стимулов)
- правое и организационное обеспечение внедрения на БПТ системы обязательного страхования риска негативного воздействия вод, включая систему мониторинга, оценки и предотвращения соответствующих рисков, а также минимизации связанного с ними ущерба путем проведения профилактических мероприятий.

Необходимый объем затрат и фискальный эффект

Соответствующие оценки требуют специальных исследований и анализа, выходящих за рамки настоящей работы. Однако можно ожидать, что разовые затраты бюджетных средств на введение такой системы страхования (в частности, расходы на подготовку персонала) впоследствии дадут значительную экономию бюджетных средств, затрачиваемых на ликвидацию последствий стихийных бедствий в зонах высокого риска и на компенсацию ущерба пострадавшим лицам.

Реализация мер: уровень полномочий и связь с водной политикой Российской Федерации

Мероприятия направлены на повышение эффективности УВР на БПТ. Первый этап мероприятий, очерченных в таблице 8.2, реализуется федеральными органами власти, региональные власти выполняют пилотный проект. В случае получения положительных результатов данный опыт может быть распространен на другие регионы РФ, для чего потребуется принятие соответствующих решений на федеральном уровне.

Указанные мероприятия взаимосвязаны и осуществляются в рекомендованной последовательности.

Таблица 8.2. **«Осуществимость» рекомендуемых мер и оцениваемые сроки реализации**

Наименование мероприятия	Достижимость	Сроки реализации: Исходя из содержания	Сроки реализации: Исходя из социальной и экономической приемлемости
Внесение в акты федерального природоохранного законодательства положений о создании на БПТ пилотной системы обязательного страхования риска негативного воздействия вод	средняя	2-3 года	2-3 года
Введение на БПТ пилотной комплексной системы обязательного страхования риска негативного воздействия вод, включая систему мониторинга, оценки и предотвращения соответствующих рисков, а также минимизации ущерба, связанного с их реализацией		3-5 лет	3-5 лет

Источник: Собственные рекомендации и оценки авторов отчета.

Ожидаемый результат

- внедрение пилотной системы обязательного страхования риска негативного воздействия вод на БПТ, в случае достижения положительных результатов распространение опыта на другие регионы России
- снижение экономического и социального ущерба от негативного воздействия вод
- экономия бюджетных средств, затрачиваемых на ликвидацию последствий стихийных бедствий в зонах высокого риска и на компенсацию ущерба пострадавшим лицам.

8.3. Дифференциация ставок земельного налога и налога на имущество с учетом наличия и качества инфраструктуры защиты поселений от негативного воздействия вод

Характеристика проблемы

Как отмечалось выше, контроль соблюдения запрета на новое строительство на территориях, подверженных наводнениям, подтоплениям, а также селям, в РБ недостаточен. При этом в регионе, как и в мире в целом, рыночная стоимость земельных участков в таких зонах обычно ниже и возникает сильный экономический стимул строить новые здания и сооружения именно в таких зонах. В условиях действия государственного страхования это создает риски неоправданно высокой нагрузки для бюджета, который будет возмещать потери застрахованных лиц.

В настоящее время земельный налог в РФ является местным налогом: ставки налогообложения по земельному налогу определяются органами местного самоуправления в интервале, утвержденном Налоговым кодексом РФ (от 0,3% до 1,5% от кадастровой стоимости земельного участка), платежи по нему поступают в муниципальные бюджеты.

Сумма налога к уплате определяется исходя из установленной ставки и кадастровой стоимости земельного участка. Кадастровая стоимость определяется специализированными организациями-оценщиками на основе самостоятельно разработанных ими методик и пересматривается не реже одного раза в 5 лет. Величина земельного налога, как правило, формируется сегодня без учета риска селей, наводнения и подтоплений, и не создает каких-либо дополнительных стимулов в отношении строительства на территориях, подверженных негативному воздействию вод. Аналогична ситуация и в отношении налогов на имущество, ответственность за определение параметров которых распределена между региональными органами государственной власти (имущество юридических лиц) и органами местного самоуправления (имущество физических лиц).

Содержание мероприятий

Международный опыт показывает, что использование земельного налога и налога на (недвижимое) имущество для создания положительных и отрицательных стимулов в отношении строительства новых зданий и сооружений в зонах высокого риска негативного воздействия вод возможно и целесообразно. Исходя из этого, рекомендуется реализовать следующие мероприятия по стимулированию органов местного самоуправления устанавливать повышенные ставки земельного налога и налогов на имущество (в части недвижимого имущества) для территорий, подверженным негативному воздействию вод (селям, наводнениям и подтоплениям, оползням и т.п.).

1. Разработка и утверждение (региональными органами государственной власти РБ) методической базы для дифференциации земельного налога и налогов на имущество, в том числе:

- классификации территорий РБ, подверженных негативному воздействию вод, по степени вероятности чрезвычайных происшествий, связанных с водой, и потенциальной величины ожидаемого ущерба
- методики расчета повышающего коэффициента к ставкам земельного налога и налогов на имущество (в части недвижимости) с учетом вероятности негативного воздействия вод (вероятность следует оценивать с учетом наличия и качества инфраструктуры защиты от указанных бедствий) и потенциального ущерба от них.

В части земельного налога и налога на имущество физических лиц предлагается утвердить указанные методические документы постановлением Правительства РБ. Данным постановлением также предлагается рекомендовать органам местного самоуправления РБ использовать более высокие ставки для территорий, подверженных селям, наводнениям и подтоплениям, в соответствии с методикой. В части налога на имущество юридических лиц рекомендуется непосредственное использование методики в законодательстве РБ.

2. Установление в Налоговом кодексе РФ права органов местного самоуправления устанавливать повышающие коэффициенты при определении ставок земельного налога и налога на имущество физических лиц для территорий, подверженных негативному воздействию вод.

Данная норма целесообразна в связи с тем, что в настоящее время во многих муниципальных образованиях уже установлены максимальные ставки земельного налога и налога на имущество физических лиц для всех плательщиков и их дальнейшее увеличение невозможно в рамках существующей нормативной правовой базы.

Необходимый объем затрат и фискальный эффект

Стоимость выполнения научно-исследовательских работ может составить 10-20 млн. руб. (основной объем расходов связан с определением степени подверженности территорий стихийным бедствиям). Увеличение поступлений от земельного налога в случае применения специальных коэффициентов в целом по РБ можно приблизительно оценить в пределах 20%, или в 90-100 млн. руб. ежегодно (в ценах 2014 г.).

Реализация мер: уровень полномочий и связь с водной политикой Российской Федерации

Предлагаемые мероприятия (таблица 8.3) реализуются в первую очередь органами публичной власти РБ, а в части формирования права установления повышающих коэффициентов — федеральными органами государственной власти (общий элемент водной политики России). Ответственность за установление повышенных ставок будут нести органы местного самоуправления (в части земельного налога и налога на имущество физических лиц) и региональные органы государственной власти РБ (налог на имущество юридических лиц).

Рекомендованные мероприятия могут осуществляться независимо друг от друга.

Таблица 8.3. **«Осуществимость» рекомендуемых мер и оцениваемые сроки реализации**

Наименование мероприятия	Достижимость	Сроки реализации: Исходя из содержания	Сроки реализации: Исходя из социальной и экономической приемлемости
Разработка и утверждение (региональными органами государственной власти РБ) методической базы для дифференциации земельного налога и налогов на имущество	средняя	1-2 года	1-2 года
Установление права органов местного самоуправления устанавливать повышающие коэффициенты при определении ставок земельного налога и налога на имущество физических лиц для территорий, подверженных негативному воздействию вод, и внесение соответствующих изменений и дополнений в Налоговый кодекс РФ	низкая	6 месяцев-1 год	6 месяцев-1 год

Источник: Собственные рекомендации и оценки авторов отчета.

Ожидаемый результат

- создание экономического стимула к снижению объемов строительства на территориях, подверженных наводнениям, подтоплениям и иным формам негативного воздействия вод за счет снижения спроса на земельные участки, здания, сооружения и жилые помещения на таких территориях.

8.4. Введение системы обязательного страхования от некритических рисков для водных ресурсов, связанных с ними экосистем и биоразнообразия на БПТ

Характеристика проблемы

Введение системы обязательного страхования некритических рисков для водных ресурсов и связанных с ними экосистем и биоразнообразия (шире – некритических экологических рисков) на БПТ актуальна в контексте логики данных рекомендаций, предполагающих частичную замену административных механизмов рыночными (в пределах, допустимых с учетом потенциального воздействия на уникальную экосистему БПТ).

Мировой опыт страхования экологических рисков весьма противоречив и показывает немало примеров «провалов рынка» коммерческого страхования таких рисков. С учетом этого опыта и недостаточной развитости в РФ рынка коммерческого страхования экологических рисков, потенциально возможными формами такого страхования будут либо государственное страхование, либо государственно-частное партнерство.

Методику определения и внедрения системы обязательного страхования экологических рисков для водных ресурсов и связанных с ними экосистем и биоразнообразия рекомендуется увязать с изменениями (смягчением) системы административных запретов на осуществление отдельных видов экономической деятельности на БПТ таким образом, чтобы страхованию подлежали виды деятельности, не способные нанести необратимого ущерба и вреда экосистеме даже при самом неблагоприятном развитии событий. Для определения всех видов деятельности, с которых можно снять действующий запрет и заменить его обязательным страхованием, необходимо специальное исследование, которое поможет подготовить перечень таких видов деятельности.

Содержание мероприятий

1. Внесение в акты федерального природоохранного законодательства положений о создании на БПТ пилотной системы обязательного страхования некритических экологических рисков и связанной с ними ответственности за ликвидацию и финансовое возмещение ущерба и вреда окружающей среде и третьим лицам. При необходимости, соответствующие изменения вносятся в подзаконные федеральные акты.

2. Введение на БПТ пилотной комплексной системы обязательного страхования некритических экологических рисков и ответственности за ликвидацию и финансовое возмещение ущерба и вреда окружающей среде и третьим лицам, в том числе:

- разработка методики определения и оценки некритических экологических рисков и подходов к их мониторингу

- правовое и организационное обеспечение внедрения на БПТ системы обязательного страхования некритических рисков для водных ресурсов и связанных с ними экосистем и биоразнообразия.

Мероприятие реализуется с установлением продолжительного переходного периода (5-10 лет) и с учетом международного опыта применения данного инструмента с определением участвующих агентов в качестве страховщиков (банков и страховых компаний).

Необходимый объем затрат и фискальный эффект

Оценка стоимости выполнения и эффектов мероприятий требует проведения специальных исследований и анализа, выходящих за рамки настоящей работы.

Реализация мер: уровень полномочий и связь с водной политикой Российской Федерации

Мероприятия (таблица 8.4) направлены на повышение эффективности УВР на БПТ. Реализуются федеральными (первый этап) и региональными (реализация пилотного проекта) органами власти. В случае получения положительных результатов данный опыт может быть распространен на другие регионы РФ, для чего потребуется принятие соответствующих решений на федеральном уровне.

Указанные мероприятия зависят друг от друга и осуществляются в рекомендованной последовательности.

Таблица 8.4. **«Осуществимость» рекомендуемых мер и оцениваемые сроки реализации**

Наименование мероприятия	Достижимость	Сроки реализации: Исходя из содержания	Сроки реализации: Исходя из социальной и экономической приемлемости
Внесение в акты федерального природоохранного законодательства положений о создании на БПТ пилотной системы обязательного страхования некритических экологических рисков и связанной с ними ответственности за ликвидацию и финансовое возмещение ущерба и вреда окружающей среде и третьим лицам	средняя	2-3 года	2-3 года
Введение на БПТ пилотной комплексной системы обязательного страхования некритических экологических рисков и ответственности за ликвидацию и финансовое возмещение ущерба и вреда окружающей среде и третьим лицам		4-5 лет	5-10 лет

Источник: Собственные рекомендации и оценки авторов отчета.

Ожидаемый результат

- внедрение пилотной системы обязательного страхования экологических рисков на БПТ, в случае достижения положительных результатов распространение опыта на другие регионы России
- сокращение социально-экономических потерь от деградации окружающей среды, снижение расходов бюджета на ликвидацию негативных последствий, возмещение ущерба и вреда.

Примечание

1. В пределах «желтой зоны», как указано выше.

Глава 9

Факторы, важные для выполнения рекомендаций

В данной главе рассматриваются факторы, важные для выполнения рекомендаций (законодательные, экономические и финансовые; пробелы в информации и знаниях), и делаются некоторые предложения относительно того, как организовать процесс их выполнения.

Факторы, важные для выполнения рекомендаций

Для выполнения рекомендаций о совершенствовании экономических инструментов управления водными ресурсами (УВР) в Бурятии, очерченных в части II данного отчета, важны следующие факторы:

- «Политическая воля» и хорошее сотрудничество: между уровнями системы государственного управления и с влиятельными заинтересованными сторонами, имеющими значительные возможности лоббирования (например, в энергетике), а также с экологическими организациями и организациями гражданского общества.
- Законодательные: централизованный характер правового регулирования в России означает, что прежде, чем рекомендованные меры смогут быть реализованы, должны быть внесены изменения и дополнения в большое число федеральных законодательных актов.
- Экономические и финансовые: власти РБ не могут обеспечить полномасштабных текущего ремонта, содержания и реконструкции водохозяйственной инфраструктуры без финансовой поддержки РФ.
- Несовпадение границ РБ и БПТ.
- Пробелы в информации и знаниях: информация в целях принятия решений и контроля в отношении экосистемы озера Байкал недостаточна; до выполнения некоторых рекомендаций следует провести специальные научные исследования.

Эти факторы подробнее рассмотрены ниже:

Несовпадение границ РБ и БПТ. Существующее административно-территориальное деление характеризуется несовпадением границ Республики Бурятия (РБ) и Байкальской природной территории (БПТ). В бассейне оз. Байкал расположено 52% территории Республики Бурятия, прочая территория — в бассейне рек Енисей и Лена. В свою очередь, 57,1% БПТ находится в границах Республики Бурятия, формирующийся в ней водосток имеет решающее значение для состояния экосистемы Байкала. В некоторых случаях это усложняет дизайн рекомендаций, которые требуют участия органов государственной власти не только РБ, но и Иркутской области. Данные случаи оговорены отдельно. Третий субъект федерации, часть территории которого входит в БПТ, – Забайкальский край – оказывает небольшое влияние на экосистему оз. Байкал по сравнению с Республикой Бурятия и Иркутской областью.

Плюсом указанного несовпадения границ является повышение релевантности РБ как территории апробации пилотных решений, которые могут в дальнейшем тиражироваться на федеральном уровне. При использовании большинства механизмов УВР в РБ следует отдельно формировать решения для территорий БПТ и относящихся к другим бассейнам территорий, водные ресурсы которых не являются уникальными. Потенциально это способно обеспечить более дифференцированные и, следовательно, более пригодные к тиражированию решения.

Институциональные факторы

«**Политическая воля» и хорошее сотрудничество**: между уровнями системы государственного управления. В связи с высокой степенью централизации государственного управления в Российской Федерации важнейшие управленческие решения в России принимаются федеральными органами власти. При этом существуют определенные различия в целеполагании федеральных органов власти и органов власти РБ в отношении БПТ. Федеральные органы акцентируются на охранс оз. Байкал и БПТ от негативного воздействия, в то время как региональные органы стремятся к выстраиванию баланса между целью охраны оз. Байкал и БПТ и целью обеспечения устойчивого экономического развития региона.

Влиятельные заинтересованные стороны: Сотрудничество с отраслями, экологическими организациями и организациями гражданского общества играет важнейшую роль. Но появлению в РБ крупных компаний, имеющих большие возможности и объемы ресурсов для оказания влияния на решения, принимаемые на федеральном уровне, мешает структура экономики РБ. При этом операторы Ангарского каскада ГЭС в Иркутской области (ОАО «РусГидро», ОАО «Иркутскэнерго») и некоторые крупные потребители электроэнергии (например, производители алюминия) имеют огромные возможности лоббирования в процессе принятия решений на федеральном уровне.

Правовые факторы: Централизация нормативного регулирования в РФ. Предложенные рекомендации, весьма приблизительно, можно разделить на три группы:

- Мероприятия, которые осуществляются органами государственной власти РФ и направлены на водный сектор России в целом, в том числе на водный сектор РБ.
- Мероприятия, которые реализуются органами публичной власти Республики Бурятия, и имеют значение для БПТ, но могут быть реализованы только после формирования соответствующих правовых условий органами государственной власти Российской Федерации.
- Мероприятия, самостоятельно реализуемые органами публичной власти РБ в рамках существующей нормативно-правовой базы.

Ко второй группе относится наибольшее число рекомендаций. К третьей группе — наименьшее; в силу централизованного характера системы регулирования немногие меры могут быть реализованы без внесения изменений и дополнений в федеральные нормативные правовые акты. Для этого требуются политическая воля и хорошее сотрудничество между уровнями системы государственного управления.

Экономические и финансовые факторы: Уровень экономического развития Республики Бурятия ниже среднероссийского уровня, в экономике отсутствуют предприятия национального значения, значительная часть важнейших предприятий входит в крупные холдинги, центры управления которых расположены за пределами РБ. В результате, финансово-бюджетная система региона серьезно зависит от трансфертов из федерального бюджета. Органы власти РБ не имеют возможности в полном объеме обеспечивать эксплуатацию и восстановление существующей водной инфраструктуры без финансовой поддержки РФ.

Пробелы в информации и знаниях

Отсутствует комплексная информация об экосистеме оз. Байкал для принятия решений. Во-первых, существующая система экологического мониторинга оз. Байкал недостаточна для получения полной и своевременной информации о состоянии водных объектов на БПТ. Во-вторых, в российской практике управления отсутствует опыт применения многих экономических инструментов УВР, активно используемых в странах ЕС и ОЭСР. Исходя из этого внедрение многих рекомендаций предварительно требует проведения специальных научных исследований как в отношении воздействия на экосистему БПТ, так и в отношении оптимальных параметров экономических решений и их правового оформления. Данные исследования охарактеризованы в рекомендациях и обобщены в приложении Б.

Предложения по организации внедрения рекомендаций

Для совершенствования инструментов управления водными ресурсами озера Байкал в Республике Бурятия предложено разработать и реализовать масштабный комплекс мероприятий, которые в значительной мере связаны друг с другом. Подавляющая их часть требует активного участия федеральных органов власти. Это обусловливает целесообразность разработки и утверждения **специального плана мер (плана действий) по внедрению и совершенствованию инструментов УВР в РБ.**

Представленные в данном отчете рекомендации могут составить основу для такого плана мер после обсуждения с заинтересованными министерствами и ведомствами, общественными и экологическими организациями, и доработки с учетом их предложений и замечаний. Доработка и согласование плана мер может осуществляться в рамках специальной рабочей группы, которая может быть создана на базе Межведомственной комиссии по вопросам охраны озера Байкал. Курировать разработку плана мер, по мнению авторов, должен представитель Правительства РФ в должности заместителя премьер-министра. Разработанный и согласованный план мер рекомендуется утвердить распоряжением Правительства РФ.

Реализация плана потребует масштабной межведомственной работы, в связи с чем в ходе внедрения рекомендаций деятельность созданной рабочей группы должна осуществляться на систематической основе. Сотрудников соответствующих органов публичной власти необходимо обучить тому, как реализовывать предлагаемые рекомендации. Также рекомендуется сформировать специальную систему мониторинга выполнения плана, внедрения и совершенствования инструментов УВР в РБ.

Приложение А

Библиография проекта

В настоящем приложении приводится перечень всех законодательных актов и публикаций, которые служили источником информации для проекта и промежуточных и заключительного отчетов #1, #2 и #3.

Федеральные нормативные правовые акты[1]

Бюджетный кодекс Российской Федерации от 31.07.1998 № 145-ФЗ.

Водный кодекс Российской Федерации от 03.06.2006 № 74-ФЗ.

Жилищный кодекс Российской Федерации от 29.12.2004 № 188-ФЗ.

Земельный кодекс Российской Федерации от 25.10.2001 № 136-ФЗ.

Кодекс Российской Федерации об административных правонарушениях от 30.12.2001 № 195-ФЗ.

Лесной кодекс Российской Федерации от 04.12.2006 № 200-ФЗ.

Налоговый кодекс Российской Федерации часть первая от 31.07.1998 № 146-ФЗ и часть вторая от 05.08.2000 № 117-ФЗ.

Постановление Правительства Российской Федерации от 15.04.2014 № 326 «Об утверждении государственной программы Российской Федерации «Охрана окружающей среды» на 2012-2020 годы».

Постановление Правительства Российской Федерации от 12.10.2013 № 922 «О федеральной целевой программе «Развитие мелиорации земель сельскохозяйственного назначения России на 2014-2020 годы».

Постановление Правительства Российской Федерации от 09.08.2013 № 681 «О государственном экологическом мониторинге (государственном мониторинге окружающей среды) и государственном фонде данных государственного экологического мониторинга (государственного мониторинга окружающей среды)».

Постановление Правительства Российской Федерации от 17.04.2013 № 347 «Об утверждении Правил уменьшения платы за негативное воздействие на окружающую среду в случае проведения организациями, осуществляющими водоотведение, абонентами таких организаций природоохранных мероприятий».

Постановление Правительства Российской Федерации от 18.03.2013 № 230 «О категориях абонентов, для объектов которых устанавливаются нормативы допустимых сбросов загрязняющих веществ, иных веществ и микроорганизмов».

Постановление Правительства Российской Федерации от 21.08.2012 № 847 «О федеральной целевой программе «Охрана озера Байкал и социально-экономическое развитие Байкальской природной территории на 2012-2020 годы».

Постановление Правительства Российской Федерации от 19.04.2012 № 350 «О федеральной целевой программе «Развитие водохозяйственного комплекса Российской Федерации в 2012-2020 годах».

Постановление Правительства Российской Федерации от 22.12.2010 № 1092 «О федеральной целевой программе «Чистая вода».

Постановление Правительства Российской Федерации от 17.12.2010 № 1050 «О федеральной целевой программе «Жилище» на 2011-2015 годы».

Постановление Правительства РФ от 30.12.2006 № 876 «О ставках платы за пользование водными объектами, находящимися в федеральной собственности».

Постановление Правительства РФ от 12.06.2003 № 344 «О нормативах платы за выбросы в атмосферный воздух загрязняющих веществ стационарными и передвижными источниками, сбросы загрязняющих веществ в поверхностные и подземные водные объекты, в том числе через централизованные системы водоотведения, размещение отходов производства и потребления».

Постановление Правительства Российской Федерации от 28.01.2002 № 67 «Об особенностях охраны, вылова (добычи) эндемичных видов водных животных и сбора эндемичных видов водных растений в озере Байкал».

Постановление Правительства Российской Федерации от 07.12.2001 № 860 «О федеральной целевой программе «Экология и природные ресурсы России» (2002-2010 гг.)».

Постановление Правительства Российской Федерации от 30.08.2001 № 643 «Об утверждении перечня видов деятельности, запрещенных в центральной экологической зоне Байкальской природной территории».

Постановление Правительства Российской Федерации от 26.03.2001 № 234 «О предельных значениях уровня воды в озере Байкал при осуществлении Постановление Правительства РФ от 10.04.2007 № 219 «Об утверждении Положения об осуществлении государственного мониторинга водных объектов».

Постановление Правительства Российской Федерации от 06.09.2000 № 661 «Об экологическом зонировании Байкальской природной территории и информировании населения о границах БПТ, ее экологических зон и об особенностях режима экологических зон».

Приказ Министерства сельского хозяйства Российской Федерации от 18.02.2013 № 79 «Об утверждении Порядка определения платы за оказание федеральным государственным бюджетным учреждением в области мелиорации, находящимся в ведении Минсельхоза России, гражданам и юридическим лицам услуг (выполнение работ), относящихся к основным видам деятельности федерального государственного бюджетного учреждения».

Приказ Министерства финансов Российской Федерации от 25.11.2011 № 160н «О введении в действие Международных стандартов финансовой отчетности и Разъяснений Международных стандартов финансовой отчетности на территории Российской Федерации».

Приказ Министерства регионального развития Российской Федерации от 23.08.2010 № 378 «Об утверждении Методических указаний по расчету предельных индексов размера платы граждан за коммунальные услуги».

Приказ Министерства природных ресурсов Российской Федерации от 05.03.2010 № 63 «Об утверждении нормативов предельно допустимых воздействий на уникальную экологическую систему озера Байкал и перечня вредных веществ, в том числе веществ, относящихся к категории особо опасных, высокоопасных, опасных и умеренно опасных для уникальной экологической системы озера Байкал».

Приказ Министерства природных ресурсов Российской Федерации от 17.12.2007 № 333 «Об утверждении Методики разработки нормативов допустимых сбросов веществ и микроорганизмов в водные объекты для водопользователей».

Приказ Министерства природных ресурсов Российской Федерации от 12.12.2007 № 328 «Об утверждении методических указаний по разработке нормативов допустимого воздействия на водные объекты».

Распоряжение Правительства Российской Федерации от 05.07.2010 № 1120-р «Об утверждении Стратегии социально-экономического развития Сибири до 2020 года».

Распоряжение Правительства Российской Федерации от 21.06.2010 № 1047-р «О Перечне национальных стандартов и сводов правил».

Распоряжение Правительства Российской Федерации от 28.12.2009 № 2094-р «Об утверждении Стратегии социально-экономического развития Дальнего Востока и Байкальского региона на период до 2025 года».

Распоряжение Правительства Российской Федерации от 27.08.2009 № 1235-р «О водной стратегии Российской Федерации на период 2020 года».

Распоряжение Правительства Российской Федерации от 06.05.2008 «Об утверждении Федерального плана статистических работ».

Распоряжение Правительства Российской Федерации от 27.11.2006 № 1641-р «О границах Байкальской природной территории».

Федеральный закон от 07.12.2011 № 416-ФЗ «О водоснабжении и водоотведении».

Федеральный закон от 30.12.2009 № 384-ФЗ «Технический регламент о безопасности зданий и сооружений».

Федеральный закон от 22.07.2005 № 116-ФЗ «Об особых экономических зонах в Российской Федерации».

Федеральный закон от 30.12.2004 № 210-ФЗ «Об основах регулирования тарифов организаций коммунального комплекса».

Федеральный закон от 06.10.2003 № 131-ФЗ «Об общих принципах организации местного самоуправления в Российской Федерации».

Федеральный закон от 10.01.2002 № 7-ФЗ «Об охране окружающей среды».

Федеральный закон от 01.05.1999 № 94-ФЗ «Об охране озера Байкал».

Федеральный закон от 12.01.1996 № 7-ФЗ «О некоммерческих организациях».

Федеральный закон от 23.11.1995 № 174-ФЗ «Об экологической экспертизе».

Федеральный закон от 14.03.1995 № 33-ФЗ «Об особо охраняемых природных территориях».

Федеральный закон от 21.02.1992 № 2395-1 «О недрах».

Нормативные правовые акты Республики Бурятия

Закон Республики Бурятия от 16.03.2012 № 2625-IV «О государственно-частном партнерстве в Республике Бурятия».

Закон Республики Бурятия от 14.03.2011 № 1907-IV «О программе социально-экономического развития Республики Бурятия на 2011-2015 годы».

Закон Республики Бурятия от 14.03.2011 № 1903-IV «О программе социально-экономического развития Республики Бурятия на период до 2020 года».

Закон Республики Бурятия от 08.05.2009 № 868-IV «О государственной поддержке инвестиционной деятельности на территории Республики Бурятия».

Закон Республики Бурятия от 03.07.2007 № 2359-III «О бюджетном процессе в Республике Бурятия».

Закон Республики Бурятия от 26.11.2002 № 145-III «О некоторых вопросах налогового регулирования в Республике Бурятия, отнесенных законодательством Российской Федерации о налогах и сборах к ведению субъектов Российской Федерации».

Постановление Правительства Республики Бурятия от 07.02.2014 № 39 «Об утверждении Инвестиционной стратегии Республики Бурятия на период до 2020 года».

Постановление Правительства Республики Бурятия от 02.08.2013 № 424 «Об утверждении государственной программы Республики Бурятия «Развитие строительного и жилищно-коммунального комплексов Республики Бурятия».

Постановление Правительства Республики Бурятия от 31.05.2013 № 272 «Об утверждении государственной программы Республики Бурятия «Экономическое развитие и инновационная экономика».

Постановление Правительства Республики Бурятия от 30.05.2013 № 261 «О государственной программе Республики Бурятия «Охрана окружающей среды и рациональное использование природных ресурсов».

Постановление Правительства Республики Бурятия от 28.02.2013 № 102 «Об утверждении государственной программы Республики Бурятия «Развитие агропромышленного комплекса и сельских территорий в Республике Бурятия».

Постановление Правительства Республики Бурятия от 15.10.2012 № 605 «О республиканской целевой программе «Развитие водохозяйственного комплекса Республики Бурятия в 2013-2020 годах».

Постановление Правительства Республики Бурятия от 30.03.2012 № 172 «Об утверждении Республиканской целевой программы «Развитие мелиорации земель в Республике Бурятия на период 2012-2014 годов».

Постановление Правительства Республики Бурятия от 15.12.2007 № 410 «О стратегии социально-экономического развития Республики Бурятия до 2025 года».

Прочие официальные материалы (авторы которых не указаны)

Пояснительная записка к проекту положений об использовании водных ресурсов Иркутского водохранилища и озера Байкал (2013), исследовательская работа *«Уточнение проекта положений об использовании водных ресурсов водохранилищ Ангарского каскада ГЭС (Иркутского водохранилища и озера Байкал и Братского и Усть-Улимского водохранилищ)»* http://pivr.enbvu.ru/pivr/pivr_irkutsk.zip.

Разработка механизмов реализации целевой программы перехода Республики Бурятия к устойчивому развитию на 2002-2010 годы. Оценка влияния «байкальского фактора» и разработка рекомендаций о том, как финансировать природоохранные меры и компенсировать дополнительные затраты, связанные с Байкальской природной территорией (2002), научный доклад, Москва.

Территориальная комплексная схема охраны природы бассейна озера Байкал (1990).

Управление Федеральной службы по надзору в сфере защиты прав потребителей и благополучия человека, материалы республиканского межведомственного семинара «Охрана водных объектов и источников водоснабжения» (28 ноября 2013 года).

Литература о международном опыте управления водными ресурсами

Bongaerts, J. C. and A. Kraemer (1989) "Permits and effluent charges in the water pollution control policies of France, West Germany and the Netherlands", *Environmental Monitoring and Assessment*. May, Vol. 12/2, Springer, pp. 127-147. Boyd J. (2003) "*The New face of the Clean Water Act: A Critical Review of the EPA's Proposed TMDL Rules", RFF discussion paper,* No. 00-12, Resources for the Future, Washington, DC.

Buyuksagis, E. and W.H. van Boom (2013), "Strict liability in contemporary European codification: Torn between objects, activities and their risks", Vol. 44/2, Georgetown Journal of International Law, Georgetown University, Washington, DC., pp. 609-640.

Cowan, S. (1998), "Water Pollution and Abstraction and Economic Instruments", *Oxford Review of Economic Policy*, Vol. 14(4).

Demouliere, R. et al. (2010), *Public water supply and sanitation services in France, third edition, FP2E and BIPE, Paris.*

Denton, J. E. (2007), *A review of the Potential Human and Environmental Health Impacts of Synthetic Motor Oils,* April, California Environmental Protection Agency, Office of Environmental Health Hazard Assessment, Sacramento, California.

Dinar, A. (ed.) (2000), *The Political Economy of Water Pricing Reforms*, World Bank, Washington, DC.

Environment Canada (2015), Used oil recycling program website, www.ec.gc.ca/gdd-mw/ (accessed 1 April 2015).

Ernst and Young (2013), *Water Resources at the Corporate Level, Moving from a risk based approach to active management,* London.

European Federation of National Association of Water and Wastewater Services (2009), *EUREAU Statistics Overview on Water and Wastewater in Europe 2008. Country Profiles and European Statistics,* Brussels.

Government of the United Kingdom, Communities and Local Government (2006), Planning Policy Statement 25: Development and Flood Risk, London.

Government of the United States (1987), Water Quality Act.

Government of the United States (1972), Water Pollution Control Act.

Government of the United States (1972), Clean Water Act.

Hanley, N. et al. (2006), "Estimating the benefits of water quality improvements under the Water Framework Directive: are benefits transferable? European Review of Agricultural Economics, Vol. 33 (3), Oxford University Press, Oxford, pp. 391-413.

Hayes, A. (ed.) (2001), *The Law and Economics of the Environment,* Edwards Elgar, Cheltenham, UK and Northampton, US.

Houck O. (2002), *The Clean Water Act TMDL Program: Law, Policy, and Implementation,* Environmental Law Institute, Washington, DC.

IEEP et al. (2007), *Reforming environmentally harmful subsidies*, Final report to the European Commission's DG Environment, 19 March, Institute for European Environmental Policy, London and Brussels.

International Water Association (2010), *International Statistics for Water Services. Information every water manager should know about*, London.

Komives, K. et al. (2006), The distributional incidence of residential water and electricity subsidies, Working Paper, No. 3878, World Bank, Washington, DC.

Koundouri P., B. Groom and O. Gonzalez Davila (2014), *Water Resource Management and Water Policy: Draft Policy Report to the OECD for the Lake Baikal Project*, London School of Economics and Political Science.

Koundouri, P. et al. (2013), *"Introducing the case study, the Asopos River Basin in Greece"*, DEOS Working Papers, No. 1310, Athens University of Economics and Business, Athens.

Kraemer R.A., E. Kampa and E. Interwies (2003), *The Role of Tradable Permits in Water Pollution Control,* Inter-American Development Bank, Washington, DC.

Kraemer, R.A., B. Pielen, and A. Leipprand (2003), "Global Review of Economic Instruments for Water Management in Latin America", *Working Paper for the Inter-American Development Bank. Regional Policy Dialogue, Environment Network, Meeting II: Application of economic instruments in water and solid waste management*, 25-26.2.2003, Washington, DC.

Martin-Ortega, J., R. Brouwer and J. Berbel (2009), *Economic analysis of spatial preferences heterogeneity of water quality,* presentation at the International Association of Agricultural Economists Conference, Beijing, 16-22 August.

Marques, R. C. (2010), *Regulation of Water and Wastewater Services, An International Comparison,* London: International Water Association Publishing, London.

OECD (2016), Reforming Economic Instruments for Water Resources Management in Kyrgyzstan, OECD Publishing, Paris. http://dx.doi.org/10.1787/9789264249363-en.

OECD EAP Task Force (2015), *Assessing and evaluating opportunities for (potentially) more efficient alternatives (Interim Report #2)*, OECD, Paris, www.oecd.org/env/outreach/REPORT_1%20Economic%20Instruments%20for%20water%20management%20in%20the%20Republic%20of%20Buryatia.pdf.

OECD EAP Task Force (2014), *Review of the implementation of economic instruments for water management in the Republic of Buryatia (Interim Report #1)*, OECD, Paris, www.oecd.org/env/outreach/REPORT_2%20Economic%20Instruments%20for%20water%20management%20in%20the%20Republic%20of%20Buryatia.pdf.

OECD (2013), *Improving the Use of Economic Instruments for Water Resource Management in Kyrgyzstan: the Case of Lake Issyk-Kul Basin*, OECD, Paris, www.oecd.org/environment/outreach/Kyrgyzstan_Eis%20for%20WRM_2nd%20edition_ENG%20web.pdf.

OECD EAP Task Force (2013a), *Economic Instruments for Water Resources Management in the Russian Federation*, OECD, Paris, www.oecd.org/env/outreach/EIs%20for%20WRM%20in%20Russia_English_Final%20web.pdf.

OECD EAP Task Force (2013b), *Economic Instruments for Water Management in Russia: Legal and Regulatory Information,* OECD, Paris, www.oecd.org/env/outreach/Info%20on%20Economic%20Instruments%20for%20Water%20Management%20in%20Russia.pdf.

OECD (2012a), *A Framework for Financing of Water Resources Management*, Paris, http://dx.doi.org/10.1787/9789264179820-en.

OECD (2012b), *Overview of Key Methods used to Identify and Quantify Environmentally-Harmful Subsidies with a Focus on the Energy Sector*: Draft report. ENV/EPOC/EAP(2012)2, https://www.oecd.org/env/outreach/EAP(2012)2_NP_Subsidies%20report_ENG.pdf.

OECD (2012c), *Refocusing Economic and Other Monetary Instruments for Greater Environmental Impact: How to unblock reform in Eastern Europe, Caucasus and Central Asia*, Paris, www.oecd.org/env/outreach/2012_EM_Refocusing%20Economic%20Instruments_ENG.pdf.

OECD (2010a), *Paying for Biodiversity. Enhancing the cost-effectiveness of payments for ecosystem services*, Paris, http://dx.doi.org/10.1787/9789264090279-en.

OECD (2010b), *Pricing Water Resources and Water and Sanitation Services*, Paris, http://dx.doi.org/10.1787/9789264083608-en.

OECD (2009a), *Managing Water for All: An OECD Perspective on Pricing and Financing*, Paris, http://dx.doi.org/10.1787/9789264059498-en.

OECD (2009b), *Strategic Financial Planning for Water Supply and Sanitation*, A Report from the OECD Task Team on Sustainable Financing to Ensure Affordable Access to Water Supply and Sanitation, OECD Publishing, Paris, https://www.oecd.org/env/resources/43949580.pdf.

OECD (2009c), *Dealing with Post-Decentralisation Implications in the Water Supply and Sanitation sector, A Cross-Country Analysis*, OECD Publishing, Paris, www.oecd.org/env/outreach/44096445.pdf.

OECD (2007), *Instrument Mixes in Addressing Non-point Source Pollution,* OECD Papers, Special Issue on Environment, Volume 7(8), OECD Publishing, Paris, http://dx.doi.org/10.1787/oecd_papers-v7-art24-en.

OECD (2006), *Mechanisms for Managing Public Environmental Expenditures in Selected OECD Countries*, OECD Publishing, Paris, https://www.cbd.int/financial/expenditure/several-expmanage-oecd.pdf.

OECD (1978), Recommendation of the OECD Council on Water Management Policies and Instruments (C(78)4/FINAL), 5 April, OECD, Paris, http://acts.oecd.org/Instruments/ShowInstrumentView.aspx?InstrumentID=20&InstrumentPID=18&Lang=en.

Rosenberger, R.S. and J.B. Loomis (2000), *Using meta-analysis for benefit transfer: in-sample convergent validity tests of an outdoor recreation database,* Water Resources Research, 36, 1097-1107.

Somanathan, J. E., and T. Sterner (2004), "*Environmental Policy Instruments and Institutions in Developing Countries", Working Paper Series,* Initiative for Policy Dialogue, Columbia University, New York.

Stephenson J. (2012), "*Business, Biodiversity and Ecosystem Services. Policy priorities for engaging business to improve the health of ecosystems and conserve biodiversity"*, presentation at the 28th roundtable on sustainable development, Hyderabad, 16 October 2012. Sterner T. (2003), *Policy Instruments for Environmental and Natural Resource Management. Resources for the Future*, Washington, DC.

Strosser, P. (2010), *Economic instruments for mobilising financial resources for supporting IWRM; Additional information and illustrations for the OECD initiative*, Acteon-Environment, OECD Publishing, Paris.

Swedish Water and Wastewater Association (2000), *Facts on Water Supply and Sanitation in Sweden*, Stockholm.

UNESCO (2012), *Managing Water under Uncertainty and Risk*: UN World Water Development Report, Vol. 1/4, Geneva.

United Cities and Local Government (2010), Global Observatory on Local Democracy and Decentralisation Third Report: Basic Services for All in an Urbanizing World, Jakarta.

United Nations University (2006), *Water-Related Risk Management in Urban Agglomerations*, Institute for Environment and Human Security, Tokyo.

US EPA (2014), *Utilizing SRF Funding for Green Infrastructure Projects,* Environmental Protection Agency, Washington, DC.

US EPA (2012), *Safe and Sustainable Water Resources, Strategic Research Action Plan, 2012-2016,* Environmental Protection Agency, Washington, DC.

US EPA (2008), Pawtucket, Rhode Island: *A Drinking Water State Revolving Fund Success Story*, September, Environmental Protection Agency, Washington, DC.

US EPA (2008), *Clean Water Financing*, 1 December, Environmental Protection Agency, Washington, DC.US EPA (1986), Toxic Release Inventory (TRI), emerged from the Emergency Planning and Community Right to Know Act of 1986, Environmental Protection Agency, Washington, DC.

US EPA-Philadelphia Green Cities/Clean Water Partnership (2012), www. phillywatersheds. org/.

Whelan, T. (1991), *Nature Tourism,* Island Press, Washington, DC.

Wunder, S. (2005), *Payment for Environmental Services, Some Nuts and Bolts*, CIFOR Occasional paper No 42.

Публикации на русском языке

Бобылев С.Н., Захаров В.М. (2009), *Экосистемные услуги и экономика*, Институт устойчивого развития, Москва.

Иванов В.А. (2013), *Мировой опыт управления водопроводно-канализационным хозяйством*, Учебное пособие – http://elibrary.udsu.ru/xmlui/handle/123456789/10934.

Платежи за экосистемные услуги: теория, методология и зарубежный опыт практического использования (2011), Издание эколого-просветительского центра "Заповедники".

Экологический туризм на пути в Россию. Принципы, рекомендации, российский и зарубежный опыт (2002), Издательство World Wide Fund For Nature.

Прочие источники

Анализ действующей системы контроля затрат и стимулов к экономической эффективности и повышению результативности работы организаций водохозяйственного комплекса в российской части бассейна озера Байкал в отношении инфраструктуры ирригации, водоснабжения и водоотведения. Разработка предложений по совершенствованию системы контроля затрат и усилению указанных стимулов в этих секторах (2014), Отчет по проекту ГЭФ/ПРООН, Улан-Удэ.

Бобович Б.Б. (1999), *Переработка промышленных отходов.* Учебник для вузов. Издательство "СП Интермет Инжиниринг", Москва.

Викулов В.Е (1982), *Режим особого природопользования на примере озера Байкал*, Наука, Новосибирск.

Временная типовая методика определения экономической эффективности осуществления природоохранных мероприятий и оценки экономического ущерба, причиняемого народному хозяйству загрязнением окружающей среды (1996), Экономика, Москва.

Госкомстат РБ (2003), Бурятии 80 лет, Статистический сборник, Улан-Удэ.

Данные по формам статистической налоговой отчетности № 1-НМ «Отчет о начислении и поступлении налогов, сборов и иных обязательных платежей в бюджетную РФ» и № 5-ВН «О налоговой базе и структуре начислений по водному налогу» по Республике Бурятия, Федеральная налоговая служба – www.nalog.ru/opendata/.

Данные по формам федерального государственного статистического наблюдения № 1-жилфонд, № 1-водопровод, № 1-канализация», № 1-КХ, № 22-ЖКХ (сводная), № 22-жкх (субсидии) по Республике Бурятия за 2008-2012 гг., Росстат.

Государственные доклады *О состоянии и охране окружающей среды Республики Бурятия* (2007, 2008, 2009, 2010, 2011, 2012), Министерство природных ресурсов Республики Бурятия – http://minpriroda-rb.ru/activity/index.php?section_ID=921.

Государственные доклады *О состоянии озера Байкал и мерах по его охране* (2005, 2006, 2007, 2008, 2009, 2010, 2011, 2012), Министерство природных ресурсов и экологии Российской Федерации – www.mnr.gov.ru/regulatory/list.php?part=1258.

Жигалов Д.В., Перцов Л.В. Финансовые основы местного самоуправления: итоги 2000-х годов // Бюджет № 7 2011.

Лапуста М.Г., Никольский П.С. (2002), Современный финансово-кредитный словарь, ИНФРА-М, Москва.

Либоракина М.И., Сиваев С.Б. (2004) *Местное самоуправление и реформа жилищно-коммунального хозяйства.* Общественные науки и современность, № 3 2004.

Международные стандарты финансовой отчетности, МСФО (IAS) 20. Учет государственных субсидий и раскрытие информации о государственной помощи (ред. от 02.04.2013).

Методологические исследования рентных платежей в водохозяйственном секторе (2004), Улан-Удэ.

Организация сбора, обработки и обобщения эколого-экономической информации в Республике Бурятия (2003), Научный отчет, Улан-Удэ, Байкальский Институт природопользования Сибирского отделения РАН.

Проблемы охраны озера Байкал и природопользования в Байкальском регионе (1996, 1997, 1998, 2001, 2002, 2003), Ежегодный доклад правительственной комиссии по озеру Байкалу, Москва.

Протасов В.Ф. (2001), Экология, здоровье и охрана окружающей среды в России, Москва.

Протасов В.Ф., Молчанов А.В. (1995), *Экология, здоровье и природопользование в России*, Финансы и статистика, Москва.

Реймерс Н.Ф. (1990), *Природопользование: Словарь-справочник*, Мысль, Москва. Охрана окружающей среды в Республике Бурятия (2013), Статистический сборник № 06-07-08, Госкомстат Республики Бурятия, Улан-УдэБурятия в цифрах (2012, 2013), Статистические сборники, Госкомстат Республики Бурятия, Улан-Удэ.

Росстат (2013), Регионы России. Социально-экономические показатели Статистический сборник, Росстат, Москва.

Русско-немецкое бюро экологической информации (2013), Устойчивое развитие в России, Берлин-Санкт-Петербург.

Сиваев С., Перцов Л., Родионов А. (2014) *Предоставление публичных услуг на местном уровне в России: этапы развития и современное состояние*, Фонд «Институт экономики города», Москва.

СНиП 22-02-2003 «Инженерная защита территорий, зданий и сооружений от опасных геологических процессов. Основные положения».

Тулохонов А.К. (2010) *Байкальская проблема: история и документы*, Издательский дом «ЭКОС», Улан-Удэ.

Шапхаев С.Г. (2013) *Учет экологических и климатических факторов при регулировании водного режима Байкала Ангаро-Енисейским каскадом ГЭС*, Реки Сибири и Дальнего Востока: Материалы VIII Международной научно-практической конференции, ИРОО «Байкальская экологическая волна», Иркутск.

Шевчук А. (2013), *Управление водными ресурсами, проблемы водной экологии*, в сборнике Устойчивое развитие в России, Русско-немецкое бюро экологической информации, Берлин – Санкт Петербург.

Примечание

1. С законодательными актами РФ, перечень которых приводится в данном приложении, можно ознакомиться на официальном веб-сайте правительства РФ: www. gov.ru.

Приложение Б

Важнейшие научно-исследовательские работы, необходимые для реализации рекомендаций

№ п/п	Предмет научно-исследовательских работ	Использование результатов *(в скобках указаны ссылки на разделы данного Отчета)*
1	Выявление влияния различных видов деятельности на состояние биосферы Байкальской природной территории	Смягчение системы административных запретов с расширением применения экономических инструментов управления в отношении деятельности в центральной экологической зоне БПТ (5.3)
2	Оценка природного капитала экосистемы Байкала; подготовка концепции развития эколого-ориентированных видов деятельности, разработки и внедрения экосистемных платежей	1. Развитие практики взимания платы за экосистемные услуги (5.5). 2. Расширение государственной поддержки эколого-ориентированных видов деятельности для повышения капитализации БПТ (5.4)
3	Разработка методических подходов к оценке ущерба от негативного воздействия гидроэнергетики на экосистему оз. Байкал, экономику и население прибрежных территорий; актуализация подходов к определению величины и справедливому перераспределению гидроэнергетической ренты	Перераспределение гидроэнергетической ренты и внедрение компенсационных платежей за ущерб, наносимый экосистеме оз. Байкал и экономике прибрежных районов, Ангарским каскадом ГЭС (5.6)
4	Методическое обеспечение системы обязательного раскрытия информации об экологических показателях деятельности расположенных на Байкальской природной территории объектов	Научное и нормативно-правовое обеспечение системы обязательного раскрытия экологической информации на БПТ и, в перспективе, на других экологически значимых территориях РФ (3.4)
5	Разработка методики определения объемов предельно допустимого суммарного суточного сброса ключевых загрязняющих веществ с определением лимитов по массе сбросов вредных веществ в водные объекты для отдельных загрязнителей	Установление лимитов по массе сбросов определенных вредных веществ в водные объекты и поэтапное развитие рынка квот на сбросы вредных веществ в водные объекты для отдельных загрязнителей (4.3)
6	Определение дополнительных коэффициентов к базовым нормативам платы за сброс загрязняющих веществ для БПТ, дифференцированных по экологическим зонам и экологической емкости территорий; пересмотр нормативов предельно допустимого сброса для централизованных систем водоотведения и их абонентов	Совершенствование начисления и взимания платы за негативное воздействие на окружающую среду (4.2)
7	Выявление влияния сельскохозяйственных химикатов и синтетических моющих средств на оз. Байкал; определение перечня веществ, полностью запрещенных к применению на БПТ, перечня веществ, применение которых облагается сбором (налогов), определение размеров сбора (налога) по видам веществ	Введение запрета на использование в РБ наиболее токсичных агрохимикатов и введение сбора (налога) на токсичные сельскохозяйственные химикаты (пестициды, гербициды и другие) и синтетические моющие средства (4.4)

№ п/п	Предмет научно-исследовательских работ	Использование результатов *(в скобках указаны ссылки на разделы данного Отчета)*
8	Разработка пакета типовых технических решений, обеспечивающих достижение нормативов качества очистки сточных вод	Государственная поддержка внедрения очистки сточных вод, обеспечивающих достижение нормативов качества водных объектов на БПТ (7.3)
9	Доработка проекта единых «Правил использования водных ресурсов озера Байкал и водохранилищ Ангарского каскада ГЭС» (в увязке с аналогичными Правилами для Енисейского каскада); Разработка концепции организации мониторинга реакции водных и прибрежных экосистем на изменение уровней оз. Байкал в результате экстремальных событий и учета его результатов для корректировки Правил	Содействие обеспечению колебания уровня озера Байкала наиболее приближенные к естественным значениям (5.7)
10	Формирование классификации территорий РБ по степени подверженности негативному воздействию вод и вероятности чрезвычайных происшествий, связанных с водными ресурсами	Внедрение экономических механизмов управления риском негативного воздействия вод, в том числе механизма дифференциация ставок земельного налога и налогов на имущество в части недвижимости (8.2-8.3)
11	Разработка методики оценки вероятности реализации рисков для водных ресурсов и связанных с ними экосистем, и их последствий; формирование экономических механизмов минимизации указанных рисков и их последствий	Внедрение экономических механизмов управления рисками для водных ресурсов и связанных с ними экосистем, в том числе развитие системы обязательного страхования некритических рисков (8.4)
12	Изучение влияния вечной мерзлоты на загрязнение подземных вод	Разработка предложений по защите подземных вод от загрязнений в условиях вечной мерзлоты и ее таяния (5.4)

Приложение В

Программы заседаний Межведомственной координационной группы по реализации проекта

1-е заседание межведомственной координационной группы

по реализации проекта ОЭСР «Содействие развитию экономических инструментов управления водными ресурсами Республики Бурятия (бассейн озера Байкал)

г. Улан-Удэ, Республика Бурятия, 17 января 2014 г.

10.45-11.00	**Регистрация**
11.00-13.00	**Открытие** 1. Вступительное слово представителей органов государственной власти Республики Бурятия: – *Баир Дугарович Ангаев, министр природных ресурсов Республики Бурятия* – *Владимир Викторович Смолин, заместитель министра экономики Республики Бурятия* 2. Представление задач и ожидаемых результатов проекта *Александр Петрович Мартусевич, старший менеджер проектов, Организация экономического сотрудничества и развития (ОЭСР)* 3. Основные подходы к реализации проекта, организация сбора необходимой информации, этапы выполнения работ – *Сергей Борисович Сиваев, Леонид Владимирович Перцов, Институт экономики города* 4. Обсуждение и формирование плана работ по проекту 5. Подведение итогов заседания

2-е заседание межведомственной координационной группы

по реализации проекта ОЭСР «Содействие развитию экономических инструментов управления водными ресурсами Республики Бурятия (бассейн озера Байкал)

г. Улан-Удэ, Республика Бурятия, 4 июля 2014 г.

08:45-9:00	**Регистрация**
09:00-09:20	**Открытие** Приветственное слово: – *Арнольд Кириллович Тулохонов, член Совета Федерации Федерального Собрания Российской Федерации от Республики Бурятия* – *Александр Валентинович Лбов, первый заместитель министра природных ресурсов Республики Бурятия* – *Александр Петрович Мартусевич, старший менеджер проектов, Организация экономического сотрудничества и развития (ОЭСР)* Представление программы заседания и участников
09:20-10:30	**Сессия 1** **Презентация отчета «Анализ использования экономических инструментов управления водными ресурсами в Республике Бурятия»** *Модератор: Александр Петрович Мартусевич* Презентация отчета (30 минут): *Леонид Владимирович Перцов, Институт экономики города* *Алексей Юрьевич Родионов, Институт экономики города* *Таисия Борисовна Бардаханова, Байкальский институт природопользования Сибирского отделения РАН* Обсуждение
10:30-10:50	Кофе-брейк
10:50-11:50	**Сессия 2** **Международный опыт управления водными ресурсами, который может быть использован в Республике Бурятия** *Модератор: Леонид Владимирович Перцов* Презентация международного опыта управления водными ресурсами, *Александр Петрович Мартусевич* (25 минут) Обсуждение
11:50-13:00	**Сессия 3** **Приоритетные направления совершенствования экономических инструментов управления водными ресурсами в Республике Бурятия** *Модератор: Александр Валентинович Лбов* Презентация проекта рекомендаций, *Леонид Владимирович Перцов* (20 минут) Обсуждение
13:00-13:15	Подведение итогов заседания

3-е заседание межведомственной координационной группы

по реализации проекта ОЭСР «Содействие развитию экономических инструментов управления водными ресурсами Республики Бурятия (бассейн озера Байкал)

г. Улан-Удэ, Республика Бурятия, 19 декабря 2014 г.

09:45-10:00	**Регистрация**
10:00-10:20	**Открытие** Приветственное слово: – *Александр Валентинович Лбов, первый заместитель министра природных ресурсов Республики Бурятия* – *Александр Петрович Мартусевич, старший менеджер проектов, Организация экономического сотрудничества и развития (ОЭСР)* Представление программы заседания и участников
10:20-12:00	**Сессия 1** **Рекомендации по совершенствованию управления водными ресурсами в Республике Бурятия** Презентация рекомендаций (30 минут): *Леонид Владимирович Перцов, Институт экономики города* Обсуждение *Модератор: Александр Петрович Мартусевич*
12:00-12:45	**Сессия 2** **Основные рекомендуемые шаги для внедрения представленных рекомендаций** Обсуждение *Модератор: Александр Валентинович Лбов*
12:45-13:00	Подведение итогов заседания
13:00-13:30	**Кофе**

Приложение Г

Глоссарий

- *Капитализация БПТ* — преобразование природных ресурсов (в частности водных ресурсов и биоразнообразия), экосистемных услуг и эстетической ценности природы и ландшафтов, расположенных на БПТ, в экономические активы, способные приносить доходы и прочие экономические выгоды, и присвоение денежной стоимости активам, экономической деятельности и предприятиям, осуществляющим деятельность на территории БПТ. Она может присваиваться рынком (если таковой существует) или путем специальной стоимостной оценки квалифицированными экспертами.
- *«Осуществимость»* и «достижимость» (предлагаемой меры), высокая, средняя, низкая — качественная характеристика степени ожидаемой политической поддержки предлагаемой меры или противодействия ей и ее финансово-технической реализуемости с учетом текущих и дальнейших ограничений, определяемых ресурсами (то есть того, насколько легко или трудно осуществить меру).
- *Водохозяйственная инфраструктура* (водохозяйственные системы) — набор сооружений для использования водных ресурсов и объектов и/или предотвращения и устранения негативного воздействия вод. В частности, гидротехнические сооружения, системы водоснабжения и водоотведения (ВСиВО), водоочистные сооружения, инфраструктура отведения и удаления дождевых вод, системы ирригации, и здания и сооружения, используемых для мониторинга и изучения водных объектов.
- *Управление водными ресурсами* включает управление водными ресурсами и водохозяйственной инфраструктурой, а также управление рисками, связанными с водными ресурсами.
- *Водный объект* — природный или искусственный водоем, водоток, месторождение подземных вод или иной объект, постоянная или временная масса воды, характеризующаяся изменениями во времени уровня водного зеркала, потребления и объема воды.
- *Водные ресурсы* — пресная вода, солоноватая вода и соленая вода поверхностных и подземных водных объектов, которые используются или могут быть использованы.
- *Водное хозяйство* — комплекс водохозяйственной инфраструктуры, организаций и видов деятельности по использованию, исследованию и охране водных ресурсов и водных объектов, а также предотвращению и устранению негативного воздействия вод.

ОРГАНИЗАЦИЯ ЭКОНОМИЧЕСКОГО СОТРУДНИЧЕСТВА И РАЗВИТИЯ

ОЭСР представляет собой уникальный форум, в рамках которого правительства совместно работают над решением экономических, социальных и экологических проблем, возникающих в условиях глобализации. ОЭСР также находится на переднем плане усилий, направленных на обеспечение понимания новых тенденций и оказание помощи правительствам в решении связанных с этим задач, таких как корпоративное управление, информационная экономика и проблемы стареющего населения. Организация предоставляет площадку, где правительства могут обмениваться своим опытом в области экономической политики, вести поиск решения схожих проблем, узнавать о положительном опыте других стран и координировать свою национальную и внешнюю политику.

К числу членов ОЭСР относятся Австралия, Австрия, Бельгия, Великобритания, Венгрия, Германия, Греция, Дания, Израиль, Ирландия, Исландия, Испания, Италия, Канада, Корея, Ла́твия, Люксембург, Мексика, Нидерланды, Новая Зеландия, Норвегия, Польша, Португалия, Словацкая Республика, Словения, Соединенные Штаты Америки, Турция, Финляндия, Франция, Чешская Республика, Чили, Швейцария, Швеция, Эстония и Япония. В работе ОЭСР также принимает участие Европейский Союз.

Издательство ОЭСР распространяет среди широкого круга пользователей статистическую информацию, собранную Организацией, и результаты исследований на экономические, социальные и экологические темы, а также конвенции, руководства и стандарты, принятые странами-членами.

OECD PUBLISHING, 2, rue André-Pascal, 75775 PARIS CEDEX 16
(97 2016 23 8 P) ISBN 978-92-64-29068-6 – 2018

www.ingramcontent.com/pod-product-compliance
Lightning Source LLC
LaVergne TN
LVHW080657011026
849160LV00014B/1457

* 9 7 8 9 2 6 4 2 9 0 6 8 6 *